子张 编

城事百年

别太把西湖理想化

苏州新闻出版集团
古吴轩出版社

图书在版编目（CIP）数据

别太把西湖理想化 / 子张编. —— 苏州：古吴轩出版社，2024.7
（城事百年 / 李继锋主编）
ISBN 978-7-5546-1902-5

Ⅰ. ①别… Ⅱ. ①子… Ⅲ. ①城市史—杭州 Ⅳ. ①K295.51

中国版本图书馆CIP数据核字(2022)第025686号

责任编辑：鲁林林　张雨蕊
装帧设计：鹏飞艺术
责任校对：戴玉婷

书　　名：	别太把西湖理想化
编　　者：	子　张
出版发行：	苏州新闻出版集团
	古吴轩出版社
	地址：苏州市八达街118号苏州新闻大厦30F
	电话：0512-65233679　　邮编：215123
出 版 人：	王乐飞
印　　刷：	三河市中晟雅豪印务有限公司
开　　本：	889 mm×1270 mm　　1/16
印　　张：	20
字　　数：	211千字
版　　次：	2024年7月第1版
印　　次：	2024年7月第1次印刷
书　　号：	ISBN 978-7-5546-1902-5
定　　价：	39.80元

如有印装质量问题，请与印刷厂联系。0316-3225515

"城事百年"丛书,讲述老城市们的老、旧和曾经的年青、曾经的新、曾经的风姿绰约,以及新老交替间的悲欢离合、人文变迁、社会变革。

历史是活着的记忆。

感谢百年前一批又一批知名或不知名的作家、学者、记者、居民、游客等,正是他们的遇见、感动,才给今天的我们留下宝贵的文化遗存和历史的五味杂陈。

因为他们的讲述,老城市们复活了,繁华的街道、逝去的风景回来了,我们的怀恋饱满了。

前　言

子　张

卜居钱塘十数载，早就想过编一本关于旧时钱塘风物掌故的文集，无奈未得佳缘，也就这么一直拖延下来。去年暑中，因赴海上"蠹鱼文丛"第二辑首发之约，得与苏州王稼句先生再次聚首，很是高兴。当晚席间，稼句先生又诚恳约我加盟他主持的丛书，并委我负责编选杭州一册。稼句先生是我素所尊敬的兄长，他负责承办的事，我是绝对信任的，加之杭州主题正为我殷殷关注，故而听了他的话，我未作任何推诿之想就愉快应承下来。

回到杭州不久，我即按照丛书编选要求，在大量搜购、翻阅相关文献后初步编出选目并拟出书名，几经网络往还，一些细节性、技术性的问题始渐渐浮出水面，并一一得以调整，最初所拟的书名也因为与已出图书"撞车"而不得不改为现名。及至初选篇目打印稿寄到，已是新年之初，却又因为其他考虑而不得不更换一些篇目。

好在备用文献尚多，目录调整、选文抽换难度亦不甚大，春节前后我又冒着绵绵冷雨数次到位于孤山的浙江图书馆古籍部，将数篇旧报刊上的选文手工录入电脑，以使全书总字数符合丛书要求。接下来的一项工作，便是电子稿的核校，一部分直接扫描自民国旧报刊的选文因录入时错误较多，核校起来就较为费时费力，直到前天才将选稿看完。终于长长舒了一口气。

目录、选文俱已出炉，照说就可以交出去，由读者从各自不同角度选择、解读、诠释，编者无须再节外生枝或画蛇添足去饶舌了。不过一来丛书有书前缀序的统一要求，二来于编选过程中确实还有些想与读者分享的内容，故不揣浅陋，于此再略略交代几句。

与已出这类关于近代以来杭州、西湖风物掌故文集不太一样的地方在哪里呢？这是我在编选前和编选中考虑最多亦着力最多的，当我对着电脑校阅最后的选稿时，我感觉比较突出的有下述几点。

第一是着眼于杭州而非仅限于西湖选材，并且扩大了杭州的空间范围，实现了与今日之"大杭州"区域的对应。

自唐代以来，杭州固然也一直以江南名郡、王国之都、东南第一州甚至华贵天城著称，而一般说起来，总还是把西湖看作第一位的杭州地标，原因就在于凡来杭州做客者往往就是冲着西湖来的，西湖的名头远高于杭州实属自然而然，即使在民国时期也是如此，以至于一九二九年在杭州举办全国性的博览会时，打出的招牌就不是杭州博览会，而叫西湖博览会，至新世纪恢复举办，沿用的也还是"西博会"的旧称。经济活动如此，一般介绍旅游杭州的导游手册，也往往径以"西湖旅游指南"名之。这当然并非意味着杭州真的不重要，而不过只是反映了普遍存在的某种社会心理，不过另一方面，可能又的确与杭州城市建设某些方面的不足有关，如二十世纪七十年代美国总统的杭州观感，据说就有"风景美丽，城市破烂"的评语。本书着眼于整个杭州"城事"，其中自然也包含西湖，所以读者仅从选目上也不难看出带"西湖"字眼的标题就占到五分之一的比例，如以选文最多的郁达夫为例就更能佐证这一点。郁达夫无疑是民国时期杭州内容写得最多最丰富的名家，本集从全面展示杭州历史风貌的意图出发，较多地收录了郁氏的"涉杭"文字，而只要把这些文字耐心读下来，读者就会感觉到，郁达夫所写杭州绝不限于"城里的吴山"这小小范围，实在远远延伸到城郊的西溪、花坞、小和山及远郊的临平、余杭、富阳一带了，而彼时的萧山、富阳、桐庐、建德、淳安、临安如今都已变成杭州市区之一部分，郁达夫也不折不扣地变身为"杭州人"了！城市历史变迁如此，选文自不能不随之扩展所写范围，故读者从本书中看到郁达夫的《皋亭山》，看到蒋维乔的《超山探梅记》《八堡观潮记》，就不至于感到意外了吧？

第二是选材新，除了非选不足以充实主题的一些老篇什，着力挖掘、选入了不少新发现且内容重要的文献。

比如程淯的《龙井访茶记》、陶行知的《杭州三题》（标题为编者所拟）、王统照的《西湖上的沉醉》、吴俊的《旅杭三月记》，以及蒋维乔的三篇，都是首次编入关于杭州的文集，这些篇目有些是编者直接录自原始报刊，有些乃是王稼句先生代为增补，均得之不易，很是珍贵。西湖龙井是杭州品牌茶,读了程淯的《龙井访茶记》,相信读者会对西湖龙井茶有更具深度的了解;读了王统照的《西湖上的沉醉》,也会惊讶地发现,当年陪同泰戈尔一行来杭州讲演、游览的,除了诗人志摩,还有一个山东大作家王统照!再如录自英年早逝的学者倪锡英《杭州》的《杭州生活印象》,不仅文笔从容、优美,更对彼时杭州人不同层面的生活作了全面、生动、有趣的述说,这种细节性的"穿越"今天给人的感觉也是很奇妙的。"杭州文明的进步,比上海还来得迅速,因为上海城里依然到处有湫隘不平的街道存在","性和平,从来没有执兵器自卫,或是和别人无端寻衅的事情","平时总是可以缓缓地做事,缓缓地吃饭,缓缓地走路,过的是平安舒泰的日子",这三句分别是象恭、徐宝山、郭挹清文中关于杭州和杭州人的议论;自然,也有不少看似不那么"积极"的感叹,譬如徐志摩:"西湖的俗化真是一日千里,我每回去总添一度伤心:雷峰也羞跑了,断桥折成了汽车桥,哈得在湖心里造房子,某家大少爷的汽油船在三尺的柔波里兴风作浪,工厂的烟替代了出岫的霞,大世界以及什么舞台的锣鼓充当了湖上的啼莺";又譬如郁达夫:"意志的薄弱,议论的纷纭;外强中干,喜撑场面;小事机警,大事糊涂;以文雅自夸,以清高自命;只解欢娱,不知振作等等,就是现在的杭州人的特性"。好在徐、郁皆为自家人,话说得难听一点,那也一定是出于恨铁不成钢的"第二种忠诚",家乡人除了反思诸己,是无须气急败坏去辩驳的。

　　第三是注意突显杭州近现代以来历史变迁的线索,力图呈现一个在历史风烟中发展、变化的杭州城市形象。

以前出过的几种同类性质选集，似乎均不太留意纵向的历史线索，而止于风景、风物的平面展示，如此一来就几乎看不出某一历史时段所刻印在杭州（或西湖）城市内外的时间性、文化性痕迹了。考虑到自清代入民国再经抗战最终迎来胜利、和平这半个世纪近乎凤凰涅槃般的变迁，本书有意识地选取较能反映历史内容的文献，遂使四十三篇选文大致呈现出杭州清末民初、民国政府、杭州沦陷及至抗战胜利后的历史脉络。特别是徐蔚南、得中、张叶舟、萧风所写五篇记录杭州沦陷时期的文字，编者以为特别重要，因为它们或许第一次让读者看到了日据时期杭州人对家乡深沉伟大的爱和坚决抵抗外寇的勇气、信心、智慧。而最后一篇《杭州探春记》所写已是抗战胜利后的杭州，"探春"二字所流露出的希望似乎恰好象征着杭州的新生。

第四是注意作者及其写作视角的个性与多样，使读者通过不同风格美文的阅读，感受到城市风景对人的多方面感化或影响。

本集不是单纯的历史文献的汇编，乃是一部呈献给当代读者品味杭州、回味杭州的美文读物，因此也特别属意于可读性，以及不同作者各自的性格与文字风格。阅读集内文字，读者自会领略到字里行间散发出的或沉郁雄奇，或潇洒活泼，或婉转清丽的气息。比如李叔同的《我在西湖出家的经过》完全口语化的"答问"，颇具风神；再如杨文安的《西湖记游》，选的是民国时期《中学生游记》上的中学生作品，处处流露出少年人昂扬奋发的意气……

集子编成，接下来就是听取读者的反馈了，真心希望读到本书的行家和读者朋友有良好的意见和建议提供给编者。

最后，对热情邀约的王稼句先生表示诚挚的感谢！感谢他的充分信任与具体帮助！这次编选工作将我沉睡多年的设想唤醒了，并结出了果子，这是我没有想到的。

二〇一九年二月廿六日于杭州午山

目 录

前 言　　　　　　　　　　　　　　　　　　　　　　　子 张

第一编　外省游人至杭，如入万宝山中

徐志摩：白娘娘是个多情的妖魔　　　　　　　　　　　　003
徐志摩：我们太把西湖看理想化了　　　　　　　　　　　014
黎烈文：在那里闻到了十余年不曾闻到的故乡山村的炊烟味道　019
王统照：漾着的小艇，漾着的心情，漾着的我们两个浮泛的生命　024
吴　俊：浙杭，为我国东南之胜境。城外西湖，名震中外。而物产
　　　　之富裕，则甲于长江　　　　　　　　　　　　　　029
张恨水：目迷五色，不知何所取舍　　　　　　　　　　　033
舒新城：这样富有吸引力的西湖，岂仅是可爱的姊姊，而竟是圣洁
　　　　的情人！　　　　　　　　　　　　　　　　　　040
舒新城：杭州有所谓"三冬靠一春"之谚；此时春来，正游人最多
　　　　之时，但今年则甚寥寥　　　　　　　　　　　　058
杨文安：我们没有领略到月湖雪湖，但是我们体会发现出一个雾湖，
　　　　这是我们的成绩　　　　　　　　　　　　　　　061
蒋维乔：西溪之幽静，如逸士高人；西湖之秀美，如佳人名士　088
朱　偰：西湖最盛，为春月；一日之盛，为朝烟，为夕岚　　098
象　恭：和朋友偶然谈起一游这美丽的都市，欣赏新秋的西湖风光，
　　　　来调剂生活的单调　　　　　　　　　　　　　　120

黄炎培：这时四照阁里散坐吃茶，不假思索、随随便便地闲谈，要
　　　　使文人或画家描写起来，倒是一场很风雅的"湖楼话雨"　　132
严　梦：我多少受过曼殊先生的几分暗示，浪漫所得，几首歪诗，
　　　　两行热泪而已！　　　　　　　　　　　　　　　　　　135

第二编　三竺六桥，九溪十八涧

钱畊莘：六和塔，在江干月轮山开化寺内，拔地参天，庄严而又雄伟　141
郁达夫：这城隍山真对我发生了绝大的威力　　　　　　　　　　143
郁达夫：杭州城里的大观，第一要推吴山　　　　　　　　　　　145
郁达夫：现在的花坞，可真成了第二云栖，或第三九溪十八涧了　149
郁达夫：相约皋亭山下去，沿河好看进香船　　　　　　　　　　153
郁达夫：玉皇山在杭州，倒像是我的一部秘藏之书　　　　　　　158
郁达夫：小和山下蛟龙庙，聚族安居二百家　　　　　　　　　　162
郁达夫：摇船的少女，也总好算是西溪的一景　　　　　　　　　170
郁达夫：三竺六桥，九溪十八涧；一茶四碟，二粉五千文　　　　173
蒋维乔：出杭州清泰门东北行六十余里，有地名唐栖，其山曰超山，
　　　　以梅花著名　　　　　　　　　　　　　　　　　　　　177
蒋维乔：民国五年，沪杭路初开观潮车时，余即赴海宁观潮　　　181

第三编　先从"杭州人"讲起

程　淯：龙井以茶名天下，在杭州曰本山　　　　　　　　　　　187
李叔同：杭州这个地方，实堪称为佛地　　　　　　　　　　　　191
郁达夫：我打算先从"杭州人"讲起　　　　　　　　　　　　　198
郁达夫：我可没有坐吃老婆饭的福分，不过杭州两字实在用腻了，
　　　　改作婿乡，庶几可以换一换新鲜　　　　　　　　　　　205
陶行知：西湖的危机，已经到了不可不注意的地步了　　　　　　208
徐宝山：杭州的风俗，向来是趋重于奢侈的一方面：住的房子是华
　　　　好高大，穿的衣服也色色入时　　　　　　　　　　　　215

郭挹清：杭州的环境，可以使你把坏性子改成好性子	221
倪锡英：人们，对于杭州的生活，都怀着一种希望和依恋的态度	224
爵士等：她以吃面包来描写爱情，曾传为一时笑谈	234
经亨颐：凡事有缘，我于杭州或者可以用得着一个"缘"字	243
一　蝶：现在一想及就觉得是具备着怎样的色、香、味的一种东西的时候，还是在西湖	250
一　蝶：只要一提起西湖，谁都会联想到那白篷的划子，那是一种很小很小的船	253

第四编　劫后湖山，阳光终于出现了！

徐蔚南：杭州城站的名称已经废止而改为"杭州驿"，这三个字则是中国字却已是日本文了	259
得　中：两月余以来，飞机不停地在头上飞，冷风吹人，沉湎于西子丽色的醉翁，已经不见了	262
张叶舟：我要去张望张望"王道治下"的杭州，同时想见见沦陷区内的爹娘	273
张叶舟：杭州救亡文化正在积极地秘密开展	277
萧　风：西子湖底优美秀丽的风光，已不是轻妆淡抹了	282
陈其英：本是"隔枝杨柳隔枝桃"，但所有桃树早为敌军砍尽	296

第一编

外省游人至杭，如入万宝山中

徐志摩：
白娘娘是个多情的妖魔

徐志摩（1897—1931），浙江海宁人，原名章垿，后改名志摩。现代诗人、散文家，新月派代表诗人，北京大学等校教授。代表作品有《志摩的诗》《翡冷翠的一夜》等。

一、一九二三年

九月二十九日

这一时骤然的生活改变了态度，虽则不能说是从忧愁变到快乐，至少却也是从沉闷转成活泼。最初是父亲自己也闷慌了，有一天居然把那只游船收拾个干净，找了叔薇兄弟等一群人，一直开到东山背后，过榆桥转到横头景转桥，末了还看了电灯厂方才回家，那天很愉快！塔影河的两岸居然被我寻出一爿两片经霜的枫叶。我从水面上捞到了两片，不曾红透的，但着色糯净得可爱。寻红叶是一件韵事。（早几天我同绎莪、阿六带了水果月饼玫瑰酒到东山背后去寻红叶，站在俞家桥上张皇地回望，非但一些红的颜色都找不到，连枫树都不易寻得出来，失望得很。后来翻山上去，到宝塔边去痛快地吐纳了一番。那时已经暝色渐深，西方只剩有几条青白色，月亮已经升起，我们慢慢地绕着塔院的外面下去，歇在阁松亭里喝酒，三兄弟喝完了一瓶烧酒，方才回家。山脚下又布施了上月月下结识的丐友，他还问起我们答应他的冬衣哪！）菱塘里去买菱吃，又是一件趣事。那钵盂峰的下面，都是菱塘，我们船过时，见鲜翠的菱塘里，有人坐着圆圆的菱桶在采摘。我们就嚷着买菱。买了一桌子的菱，青的红的，满满的一桌子，"树头鲜"真是好吃，怪不得人家这么说。我选了几只嫩青，带回家给妈吃，她也说好。

这是我们第一次称心的活动。

八月十五那天，原来约定到适之那里去赏月的，后来因为去得太晚了，又同着绎丞，所以不曾到烟霞去。那晚在湖上也玩得很畅，虽则月儿只是若隐若现的。我们在路上的时候，满天堆紧了乌云。密层层的，不见中秋的些微消息。我那时很动了感兴——我想起了去年印度洋上的中秋！一年的差别！我心酸得比哭更难。一天的乌云，是的，什么光明的消息都莫有！

我们在清华开了房间以后，立即坐车到楼外楼去。吃得很饱，喝得很畅。桂花栗子已经过时，香味与糯性都没有了。到九点模样，她到底从云阵里奋战了出来。满身挂着胜利的霞彩，我在楼窗上靠出去望见湖光渐渐地由黑转青，青中透白，东南角上已经开朗，喜得我大叫起来。我的欢喜不仅为是月出，最使我痛快的，是在于这失望中的满意。满天的乌云，我原来已经抵拼拿雨来换月，拿抑塞来换光明,我抵拼喝他一个醉,回头到梦里去访中秋,寻团圆——梦里是甚么都有的。

我们站在白堤上看月望湖,月有三大圆的彩晕,大概这就算是月华的了。

月出来不到一点钟又被乌云吞没了,但我却盼望,她还有扫荡廓清的能力,盼望她能在一半个时辰内,把掩盖住青天的妖魔,一齐赶到天的那边去,盼望她能尽量地开放她的清辉,给我们爱月的一个尽量的陶醉——那时我便在三个印月潭和一座雷峰塔的媚影中做一个小鬼,做一个永远不上岸的小鬼,都情愿,都愿意。

"贼相"不在家,末了抓到了蛮子仲坚,高兴中买了许多好吃的东西——有广东夹沙月饼——雇了船,一直望湖心里进发。

三潭印月上岸买栗子吃,买莲子吃;坐在九曲桥上谈天,讲起湖上的对联,骂了康圣人一顿。后来走过去在桥上发现有三个人坐着谈话,几上放有茶碗。我正想对仲坚说他们倒有意思,那位老翁涩重的语音听来很熟,定睛看时,原来他就是康大圣人!

下一天我们起身已不早,绎茇同意到烟霞洞去,路上我们逛了雷峰塔,我从不曾去过,这塔的形与色与地位,真有说不出的神秘的庄严与美。塔里面四大根砖柱已被拆成倒置圆锥体形,看看危险极了。轿夫说:"白状元的坟就在塔前的湖边,左首草丛里也有一个坟,前面一个石碣,说是白娘娘的坟。"我想过去,不料满径都是荆棘,过不去,雷峰塔的下面,有七八个鹄形鸠面的丐僧,见了我们一齐张起他们的破袈裟,念佛要钱。这倒颇有诗意。

我们要上轿时，有个人手里握着一条一丈余长的蛇，叫着放生，说是小青蛇。我忽然动心，出了两角钱，看他把那蛇扔在下面的荷花池里，我就怕等不到夜她又落在他的手里了。

进石屋洞初闻桂子香——这香味好几年不闻到了。

到烟霞洞时上门不见土地，适之和高梦旦他们一早游花坞去了。我们只喝了一碗茶，捡了几张大红叶——疑是香樟——就急急地下山。香蕉月饼代饭。

到龙井，看了看泉水就走。

前天在车里想起雷峰塔作了一首诗用杭白。

  那首是白娘娘的古墓，
  （划船的手指着蔓草深处）
  客人，你知道西湖上的佳话，
  白娘娘是个多情的妖魔。

  她为了多情，反而受苦——
  爱了个没出息的许仙，她的情夫；
  他听信一个和尚，一时的糊涂，
  拿一个钵盂，把他妻子的原形罩住。

  到今朝已有千把年的光景，
  可怜她被镇压在雷峰塔底——

这座残败的古塔，凄凉地，

庄严地，永远在南屏的晚钟声里！

十月二十一日

昨下午自硖到此，与适之、经农同寓新新，此来为"做工"，此来为"寻快活"。

昨在火车中，看了一个小沄做的《龙白》的故事，颇激动我的想象。

经农方才又说，日子过得太快了，我说日子只是过得太慢，比如看书一样，乏味的页子，尽可以随便翻他过去——但是到什么时候才翻得到不乏味的页子呢？

我们第一天游湖，逛了湖心亭——湖心亭看晚霞看湖光是湖上少人注意的一个精品——看初华的芦荻，楼外楼吃蟹，曹女士贪看柳梢头的月，我们把桌子移到窗口，这才是持螯看月了！夕阳里的湖心亭，妙；月光下的湖心亭，更妙。晚霞里的芦雪是金色，月下的芦雪是银色。莫泊桑有一段故事，叫作 In The Moonlight，白天适之翻给我看，描写月光激动人的柔情的魔力，那个可怜的牧师，永远想不通这个矛盾："既然上帝造黑夜来让我们安眠，这样绝美的月色，比白天更美得多，又是什么命意呢？"便是最严肃的、最古板的宝贝，只要他不曾死透僵透，恐怕也禁不起"秋月的银指光儿，浪漫的搔爬"！曹女士唱了一个《秋香》歌，婉曼得很。

三潭印月——我不爱什么九曲,也不爱什么三潭,我爱在月光下看雷峰静极了的影子——我见了那个,便不要性命。

阮公墩也是个精品,夏秋间竟是个绿透了的绿洲,晚上雾霭苍茫里,背后的群山,只剩了轮廓!它与湖心亭一对乳头形的浓青——墨青,远望去也分不清是高树与低枝,也分不清是榆荫是柳荫,只是两团媚极了的青屿——谁说这上面不是神仙之居?

我形容北京冬令的西山,寻出一个"钝"字;我形容中秋的西湖,舍不了一个"嫩"字。

昨夜二更时分与适之远眺着静偃的湖与堤与印在波光里的堤影,清绝秀绝媚绝,真是理想的美人,随她怎样的姿态妙,也比拟不得的绝色。我们便想出去拿舟玩月;拿一支轻如秋叶的小舟,悄悄地滑上了夜湖的柔胸,拿一支轻如芦梗的小桨,幽幽地拍着她光润、蜜糯的芳容;挑破她雾縠似的梦壳,扁着身子偷偷地挨了进去,也好分赏她贪饮月光醉了的妙趣!

但昨夜却为泰戈尔的事缠住了,辜负了月色,辜负了湖光,不曾去拿舟,也不曾去偷尝"西子"的梦情;且待今夜月来时吧!

"数大"便是美,碧绿的山坡前几千个绵羊,挨成一片的雪绒,是美;一大的繁星,千万只闪亮的神眼,从无极的蓝空中下窥大地,是美;泰山顶上的云海,巨万的云峰在晨光里静定着,是美;绝海万顷的波浪,戴着各式的白帽,在日光里动荡着,起落着,是美;爱尔兰附近的那个"羽毛岛"上栖着几千万的飞禽,夕阳西沉时只见一个"羽化"的大空,只是万岛齐鸣的大声,是美……数大便是美,数大了，似乎按照着一种自然律，自然地会有一种特殊的排列、一种特殊的节奏、一种特殊的式样，激动我们审美的本能，激发我们审美的情绪。

所以西湖的芦荻，与花坞的竹林，也无非是一种数大的美，但这数大的美，不是智力可以分析的，至少不是我的智力所能分析。看芦花与看黄熟的麦田，或从高处看松林的顶颠，性质是相似的；但因颜色的分别，白与黄与青的分别，我们对景而起的情感，也就各各不同。季候当然也是个影响感兴的原素。芦雪尤其代表气运之转变，一年中最显著最动人深感的转变；象征中秋与三秋间万物由荣入谢的微指，所以芦荻是个天生的诗题。

西溪的芦苇，年来已经渐次地减少，主有芦田的农人，因为芦柴的出息远不如桑叶，所以改种桑树，再过几年，也许西溪的"秋雪"，竟与苏堤的断桥，同成陈迹！

在白天的日光中看芦花，不能见芦花的妙趣；它是同丁香与海棠一样，只肯在月光下泄漏它灵魂的秘密；其次亦当在夕阳晚风中。去年十一月我在南京看玄武湖的芦荻，那时柳叶已残，芦花亦飞散过半，但紫金山反射的夕照与城头倏起的凉飙，丛苇里惊起了野鸭无数，墨点似的洒满云空（高下的鸣声相和），与一湖的飞絮，沉醉似的舞着，写出一种凄凉的情调，一种缠绵的意境，我只能称之为"秋之魂"，不可以言语比况的秋之魂！又一次看芦花的经验是在月夜的大明湖，我写给徽那篇《月照与湖》（英文的）就是纪念那难得的机会的。

所以前天西溪的芦田，它本身并不曾怎样地激动我的情感。与其白天看西溪的芦花，不如月夜泛舟到湖心亭去看芦花，近便经济得多。

花坞的竹子，可算一绝，太好了，我竟想不出适当的文字来赞美；不但竹子，那一带的风色都好，中秋后尤妙，一路的黄柳红枫，真叫人应接不暇！

三十一那天晚上我们四个人爬登了葛峰，直上初阳台，转折处颇类香山。

十月二十三日

昨天（二十二日）是一个纪念日，我们下午三人出去到壶春楼，在门外路边摆桌喝酒，适之对着西山，夕晖留在波面上的余影，一条直长的金链似的，与山后渐次泯灭的琥珀光；经农坐在中间，自以为两面都看得到，也许他一面也不曾看见；我的坐位正对着东方初升在晚霭里渐渐皎洁的明月，银辉渗着的湖面，仿佛听着了爱人的裙响似的，霎时的呼吸紧迫，心头狂跳。城南电灯厂的煤烟，那时顺着风向，一直吹到北高峰，在空中仿佛是一条漆黑的巨蟒，荫没了半湖的波光，益发衬托出受月光处的明粹。这时缓缓地从月下过来一条异样的船，大约是砖瓦船，长的，平底的。没有船舱，也没有篷帐，静静地从月光中过来，船头上站着一个不透明的人影，手里拿着一支长竿，左向右向地撑着，在银波上缓缓地过来——一幅精妙的《雪罗葛》，镶嵌在万顷金波里，悄悄地悄悄地移着；上帝不应受赞美吗？我疯癫似的醉了，醉了！

饭后我们到湖心亭去,横卧在湖边石板上,论世间不平事,我愤怒极了,呼嗷、咒诅、顿足,都不够发泄。后来独自划船,绕湖心亭一周,听桨破小波声,听风动芦叶声,方才勉强把无明火压了下去。

十月廿八日　下午八时

完了,西湖这一段游记也完了。经农已经走了,今天一早走的,但像是已经去了几百年似的。适之已定后天回上海,我想明天,迟至后天早上走。方才我们三个人在杏花村吃饭吃蟹,我喝了几杯酒。冬笋真好吃。

一天的繁星,我放平在船上看星,沉沉的宇宙,我们的生命究竟是个什么东西?我又摸住了我的伤痕。星光呀,仁善些,不要张着这样讥刺的眼,倍增我的难受!

二、一九二八年

三月十七日

清明日早车回硖石,下午去蒋姑母家。次晨早四时复去送除帏。十时与曼坐小船下乡去沈家浜扫墓,采桃枝,摘薰花菜,与乡下姑子拉杂谈话。阳光满地,和风满居,至足乐也。下午三时回硖,与曼步行至老屋,破乱不堪,甚生异感。森侄颇秀,此子长成,或可继一脉书香也。

次日早车去杭,寓清华湖。午后到即与瑞午步游孤山。偶步山后,发现一水潭浮红涨绿,俨然织锦,阳光自林隙来,附丽其上,益增娟媚。与曼去三潭印月,走九曲桥,吃藕粉。

三月十八日

次日游北山,西泠新塔殊陋。玉泉鱼似不及从前肥,曼自告奋勇,自灵隐捷步上山,达韬光,直登观潮亭,撷一茶花而归。冷泉亭大吃辣酱豆腐干,有挂香袋老婆子三人,即飞来峰下揭裾而私,殊亵。

与瑞仪月下游湖,登峰看日出。不及四时即起。约仲龄父子同下湖而月已隐。云暗木黑,凉露沾襟,则扣舷杂唱;未达峰,东方已露晓,雨亦渗渗下。瑞欲缩归,扶之赴峰,直登初阳台,瑞色苍气促,即石条卷卧如蜩,因与仲龄父子捷足攀上将军岭,望保俶南山北山,皆奥昧入云,不可辨识。骤雨欲来,俯视则双堤画水,树影可鉴,阮墩尤珠围翠绕,潋滟湖心,虽不见初墩,亦足豪已。即吐纳清高,急雨已来,遥见黄狗四条,施施然自东而西,步武井然,似亦取途初阳自矜逸兴者,可噱也。因雨猛,趋山半亭小憩看雨,带来白玫瑰一瓶,无杯器,则即擎瓶直倒,引吭而歌,殊乐。忽举头见亭颜悬两联,有"雨后山光分外清"句,共讶其巧合。继拂碑看字,则为瑞午尊人手笔,益喜,因摹几字携归,亦一纪念。

下山在新新早餐,回寓才八时。十时过养默来,而雨注不停,曼颇不馁,即命与出游。先吊雷峰遗迹,冒雨跻其颠而赏景焉。继至白云庵拜月老求签。翁家山石屋小坐,即上烟霞,素餐至佳,饭毕已三时。天时冥晦,雨亦弗住,顾游兴至感勃勃,翻岭下龙井,时风来骤急,揭瑞舆顶,伕子几仆。龙井已十年不到,泉清林旺,福地也。自此转入九溪,如入仙境,翠岭成屏,茶丛嫩芽初吐,鸣禽相应,婉转可听。尤可爱者则满山杜鹃花,鲜红照眼,如火如荼,曼不禁狂喜,急呼采采。迈步上坡,踬亦弗顾,卒集得一大束,插戴满头。抵理安天已阴黑,楠林深郁,高插云天,到此吐纳自清,胸襟解豁。有身长眉秀之僧人自林里走出,殷勤招客入寺吃茶,以天晚辞去。寺前新矗一董太夫人经塔,奇丑,最煞风景,此董太夫人该入地狱,回寓已七时半。

适之游庐山三日,作日记数万言,这一个"勤"字亦自不易。他说看了江西内地,得一感想,女性的丑简直不是个人样,尤其是金莲三寸,男性造孽,真是无从说起,此后须有一大改变才有新机:要从——把女性当牛马的文化转成——男性自愿为女性做牛马的文化。适之说男人应尽力赚出钱来为女人打扮,我说这话太革命性了。邹恩润都怕有些不敢刊入名言录了!

有天鹅绒悲哀的疑古玄同,有时确是疯得有趣。

(《徐志摩全集》第五卷,赵遐秋等编,广西民族出版社一九九一年七月初版)

徐志摩：
我们太把西湖看理想化了

讲述人生平同前。

"欲把西湖比西子，淡妆浓抹总相宜。"我们太把西湖看理想化了。夏天要算是西湖浓妆的时候，堤上的杨柳绿成一片浓青，里湖一带的荷叶荷花也正当满艳，朝上的烟雾，向晚的晴霞，哪样不是现成的诗料，但这西姑娘你爱不爱？我是不成，这回一见面我回头就逃！什么西湖？这简直是一锅腥臊的热汤！西湖的水本来就浅，又不流通，近来满湖又全养了大鱼，有四五十斤的，把湖里袅袅婷婷的水草全给咬烂了，水混不用说，还有那鱼腥味儿顶叫人难受。

说起西湖养鱼，我听得有种种的说法，也不知哪样是内情：有说养鱼干脆是官家谋利，放着偌大一个鱼沼，养肥了鱼打了去卖不是顶现成的；有说养鱼是为预防水草长得太放肆了怕塞满了湖心；也有说这些大鱼都是大慈善家们为要延寿或是求子或是求财源茂健特为从别地方买了来放生在湖里的，而且现在打鱼当官是不准。不论怎么样，西湖确是变了鱼湖了。六月以来杭州据说一滴水都没有过，西湖当然水浅得像个干血痨的美女，再加那腥味儿！今年南方的热，说来我们住惯北方的也不易信，白天热不说，通宵到天亮也不见放松，天天大太阳，夜夜满天星，节节高的一天暖似一天。杭州更比上海不堪，西湖那一洼浅水用不到几个钟头的晒就离滚沸不远什么，四面又是山，这热是来得去不得，一天不发大风打阵，这锅热汤，就永远不会凉。我那天到了晚上才雇了条船游湖，心想比岸上总可以凉快些。好，风不来还熬得，风一来可真难受极了，又热又带腥味儿，真叫人发眩作呕，我同船一个朋友当时就病了，我记得红海里两边的沙漠风都似乎较为可耐些！夜间十二点我们回家的时候都还是热虎虎的。还有湖里的蚊虫！简直是一群群的大水鸭子！你一生定就活该。

　　这西湖是太难了，气味先就不堪。再说沿湖的去处，本来顶清淡宜人的一个地方是平湖秋月，那一方平台，几棵杨柳，几折回廊，在秋月清澈的凉夜去坐着看湖确是别有风味，更好在去的人绝少，你夜间去总可以独占，唤起看守的人来泡一碗清茶，冲一杯藕粉，和几个朋友闲谈着消磨他半夜，真是清福。我三年前一次去，有琴友有笛师，躺平在杨树底下看揉碎的月光，听水面上翻响的幽乐，那逸趣真不易。西湖的俗化真是一日千里，我每回去总添一度伤心：雷峰也羞跑了，断桥折成了汽车桥，哈得在湖心里造房子，某家大少爷的汽油船在三尺的柔波里兴风作浪，工厂的烟替代了出岫的霞，大世界以及什么舞台的锣鼓充当了湖上的啼莺，西湖，西湖，还有什么可留恋的！这回连平湖秋月也给糟蹋了，你信不信？

"船家，我们到平湖秋月去，那边总还清静。"

"平湖秋月？先生，清静是不清静的，格歇开了酒馆，酒馆着实闹忙哩，你看，望得见的，穿白衣服的人多煞勒瞎，扇子□得活血血的，还有唱唱的，十七八岁的姑娘，听听看——是无锡山歌哩，胡琴都蛮清爽的……"

那我们到楼外楼去吧。谁知楼外楼又是一个伤心！原来楼外楼那一楼一底的旧房子斜斜地对着湖心亭，几张揩抹得发白光的旧桌子，一两个上年纪的老堂倌，活络络的鱼虾，滑齐齐的莼菜，一壶远年，一碟盐水花生，我每回到西湖往往偷闲独自跑去领略这点子古色古香，靠在阑干上从堤边杨柳荫里望滟滟的湖光，晴有晴色，雨雪有雨雪的景致，要不然月上柳梢时意味更长，好在是不闹，晚上去也是独占的时候多，一边喝着热酒，一边与老堂倌随便讲讲湖上风光、鱼虾行市，也自有一种说不出的愉快。但这回连楼外楼都变了面目！地址不曾移动，但翻造了三层楼带屋顶的洋式门面，新漆亮光光地刺眼，在湖中就望见楼上电扇的疾转，客人闹盈盈地挤着，堂倌也换了，穿上西崽的长袍，原来那老朋友也看不见了，什么闲情逸趣都没有了！我们没办法，移一个桌子在楼下马路边吃了一点东西，果然连小菜都变了，真是可伤。

泰戈尔来看了中国，发了很大的感慨。他说："世界上再没有第二个民族像你们这样蓄意地制造丑恶的精神。"怪不过老头牢骚，他来时对中国是怎样的期望（也许是诗人的期望），他看到的又是怎样一个现实！狄更生先生有一篇绝妙的文章，是他游泰山以后的感想，他对照西方人的俗与我们的雅，他们的唯利主义与我们的闲暇精神。他说：只有中国人才真懂得爱护自然，他们在山水间的点缀是没有一点辜负自然的；实际上他们处处想法子增添自然的美，他们不容许煞风景的事业。他们在山上造路是依着山势回环曲折，铺上本山的石子，就这山道就饶有趣味，他们宁可牺牲一点便利，不愿斫丧自然的和谐。所以他们造的是妩媚的石径，欧美人来时不开马路就来穿山的电梯。他们在原来的石块上刻上美秀的诗文，漆成古色的青绿，在苔藓间掩映生趣；反之在欧美的山石上只见雪茄烟与各种生意的广告。他们在山林丛密处透出一角寺院的红墙，西方人起的是几层楼嘈杂的旅馆。听人说中国人得效法欧西，我不知道应得自觉虚心做学徒的究竟是谁。

这是十五年前狄更生先生来中国时感想的一节。我不知道他现在要是回来看看西湖的成绩，他又有什么妙文来颂扬我们的美德！

说来西湖真是个爱伦内。论山水的秀丽，西湖在世界上真有位置。那山光，那水色，别有一种醉人处，叫人不能不生爱。但不幸杭州的人种（我也算是杭州人），也不知怎的，特别地来得俗气来得陋相。不读书人无味，读书人更可厌，单听那一口杭白，甲隔甲隔的，就够人心烦！看来杭州人话会说（杭州人真会说话！），事也会做，近年来就"事业"方面看，杭州的建设的确不少，例如西湖堤上的六条桥就全给拉平了替汽车公司帮忙；但不幸经营山水的风景是另一种事业，决不是开铺子、做官一类的事业。平常布置一个小小的园林，我们尚且说总得主人胸中有些丘壑，如今整个的西湖放在一班大老的手里，他们的脑子里平常想些什么我不敢猜度，但就成绩看，他们的确是只图每年"我们杭州"商界收入的总数增加多少的一种头脑！开铺子的老班们也许沾了光，但是可怜的西湖呢？分明天生俊俏的一个少女，生生地叫一群粗汉去替她涂脂抹粉，就说没有别的难堪情形，也就够煞风景又煞风景！天啊，这苦恼的西子！

但是回过来说，这年头哪还顾得了美不美！江南总算是天堂，到今天为止。别的地方人命只当得虫子，有路不敢走，有话不敢说，还来搭什么臭绅士的架子，挑什么够美不够美的鸟眼？

八月七日

（《徐志摩全集》第四卷，赵遐秋等编，广西民族出版社一九九一年七月初版，原题《丑西湖》）

黎烈文：
在那里闻到了十余年不曾闻到的故乡山村的炊烟味道

黎烈文（1904—1972），湖南湘潭人，现代作家、翻译家、教育家；曾任《申报·自由谈》《中流》主编，著有《西洋文学史》《法国文学巡礼》等著作。

在葛岭下一所精致的别庄做客已有好几天了。原只打算住一两天便回去的，但禁不住居停主人殷勤劝阻：——你这些时候也忙够了，好容易现在有了闲空，多住几日何妨呢？难道这山明水秀的西湖，倒不如尘雾蔽空的上海能够使你留恋吗？

——他牵记着他的宝宝呢！一位小朋友笑着给我代答了。

小朋友的话实在说中了我的心。上海不使我留恋，但我挂念孩子。本是万念俱灰的人，只因为有着孩子，我还得振作精神在人生的途上迈进。一年来，我不断地在是非的漩涡里翻滚，在险恶的环境里挣扎，也还是孩子给了我一点点勇气，不论是在寂寞、烦恼或颓丧的时候，只要见着孩子的笑容，听着他呀呀的话声，便什么都消失了。每天夜深回家，轻轻走进孩子的卧室，看见孩子酣适地睡着，我便把整天的疲劳忘记得干净，得到一夜安眠。有两位朋友常常笑我说:"你是严父而兼慈母呀!"这话其实只说对了一半:"严父"我完全说不上,我是"苦役而兼慈母"。湖上小住,摆脱了苦役,使我欣然;但一天不见孩子,心上却如有所失,非常难过。这种 Tendresse Paternelle 原也并非什么不愿告人的事,可是经那位小朋友一说穿,却觉得自己太过于儿女态,加上居停主人再三挽留,便不好说什么,只得住下了。

这天是隔夜约好要走路去登北高峰的。清晨六点钟,庄丁便跑来把我喊醒。匆匆洗漱了,吃过早点,刚要出发时,天却下起蒙蒙细雨来,同游的都觉扫兴,大家转回房里重寻好梦去了。我却有着一种乡下人的习性,一早起来,便很难再睡;身边又没带有可看的书籍,在院子里望着葛岭高处云雾渐浓,异常烦躁,与其空坐在屋里,不如索性披着雨衣到湖边走走。

一出门便是博览会桥。这新建设颇使我欢喜,几乎每天早上要来徘徊一下。我最爱坐在中间一座桥亭向西望去,里湖细长得像一条小河,尽处是一座饶有古风的石桥,南岸孤山树木苍翠可爱,北岸沿湖虽有着电影院旅馆那类讨厌的建筑,但后面有了像屏风一般的高山拥抱着,也就不觉其俗了。几年前,当我在莱茵河畔度夏的时候,我所寄住的 Strasbourg 大学寄宿舍,位置在一道小河边上,那里也有着和这孤山相似的青草绿杨的堤岸,堤岸的尽头也有一座极富诗意的画桥,不同的只是桥后没有山,换上一座双塔插云的 St-Paul 教堂罢了。但那时我的襟怀是怎样爽朗呢!早上我可以看到一个俊美的女郎从那桥头向我走来;傍晚我可以伴着她经过桥边,缓缓归去。几年的光阴，不过一弹指的事情，而这中间人事的变化实在太可怕了。那时我们只想到回国后可以同游西湖，领略领略六桥三竺之胜，却绝没有想到我今天会要一个人在烟雨中对着故国的湖山，追忆起异国的遭遇。死了的也就算了，活着的这日子实在难捱，而我们的孩子却还有着一个比我更要艰苦、悠长几倍的世路呢！

惘惘然走出桥亭，由放鹤亭爬上孤山，雨中丛林充满着一种悦人的凉意和香味。也许是在都市里住久了，一旦和自然接触，嗅觉特别灵敏罢，我才到西湖，便觉得湖边山上到处清香扑鼻。有一天在黄龙洞外一个茶棚里，看见卖茶的用带叶的树枝烧茶，竟留恋许久，因为我在那里闻到了十余年不曾闻到的、故乡山村的炊烟气味。

这时孤山顶上，除掉打着树叶的淅沥的雨声，和踏着石块的我的鞋音之外，别的音响一点都没有，那环境实在幽寂得可爱。我在一只空亭里，坐了些时，穿过树叶，望见雨中迷茫的湖面，除掉几个披蓑戴笠的工人，撑着破船在打捞水藻外，一只游船也没有。我忽然想到这时叫只划子到湖中玩玩，倒是和我这寂寞的心情相洽的。便由中山公园那方面走下山，在门口雇着一只游艇。皱眉苦脸正愁没有生意的船夫，等我一上船，便欢天喜地地冒雨划离了湖岸。

仰卧在藤椅上，看着千千万万的雨点，忽疏忽密地洒落湖面；四围山峦，半截被云雾隐没了，剩下半截，映入水中，使得湖面更加灰暗、愁惨。我却在这灰暗、愁惨的景色中，发掘着许多深埋在脑海里的晴朗、快适的画面。别的地方不讲，单是巴黎波洛业森林（Bois de Boulogne）便不知留给我以多少回忆的资料。每值春秋佳日，许多西方人士都可见到一对东方男女,有时在浓荫里比肩散步,有时在小湖上对坐打桨,看着他们那种亲爱、快乐的样子,谁不觉得他们的前途充满幸福呢!而他们自己又是何等的满足、骄傲,好像那葱郁的森林、清澈的湖水、爽朗的天空,都只是给他们两人享受的;异种人的惊奇、羡望,都不在他们的眼里。他们那时只愿享受着当前的美景,绝没有闲暇念及未来,他们更料不到他们的未来会如此悲惨!——隔不多久,那女的便会奄然殂化,留下一个小孩给那男的作伤心的慰藉!

舟过刘庄和汪庄等处,船夫再三劝我上岸去"耍子",我都谢绝了,我宁愿在雨中飘荡,在这寂寞的湖面,回忆着昔日的欢娱。因为生活逼人,回国后,我并不曾伴着我的爱人游过西湖,可是我这时却仿佛有着一种重来不胜今昔之感。"伤心桥下春波绿,曾是惊鸿照影来。"我现在所游的虽不是我们从前在海外同游过的湖山,但浮着新荷的西湖的清涟,却同波洛业森林中的湖水一样能引起我往事的追怀。我又记起了诗人拉马丁(Lamartine)当他的恋人消失后,重游瑞士的名作《湖》(*Le Lac*),恰好写出了我此时的心境。我真想像拉马丁一样叫说:

> 那呻吟的风,叹息的芦苇哟,
> 你那熏香了的天空里的微芳哟,
> 所有听到,看到,嗅到的东西哟,
> 一齐说罢:"他们曾经相爱!"

船夫划着我经过旗下，折回来又绕着湖心亭、三潭印月两个小岛兜了一个圈子，再从内湖摇到里湖放鹤亭前上岸，这样在阴凉的湖面足足游荡了三个多钟头，回到我所寄寓的山庄时，原先约好同登北高峰的朋友还没起身，听见我从外面进来，他在床上翻了一个身，迷迷糊糊地说道："真是好梦！"随后又揉了一揉眼睛问我道："你到哪里去来？"我脱下淋湿了的雨衣，向床上一倒，也迷迷糊糊地回答道："我也做了一场梦啊！"

一九三四年五月十八日

（原载《文学》一九三四年第八卷第一期，原题《湖上》）

王统照：
漾着的小艇，漾着的心情，漾着的我们两个浮泛的生命

> 王统照（1897—1957），山东诸城人，字剑三，现代作家，文学研究会成员，著有小说《山雨》等。

十六日在杭州时，志摩记念着他的母亲，回硖石去了，菊农又到别处去了，剩了我一个人，陪着这三位印度学者及英人恩厚之往游灵隐。由西湖饭店出来，沿着湖滨，直向西去。下午的暖气，如饮着醇醴，如披了葱绿面幕的绕湖群山，都微睇着来迎这几位远道的新客！迎面所见的挂了香箔的人力车，载着缟淡衣裙的妇女，或是在藤轿上搭着黄袄的老太太。我们坐在人力车上，彼此笑谈着，我并且指点着群峰的名字说给他们听。但是我对着青山，俯挹着如谷泛的如油泼的湖水，嗅着道旁草木幽香，心里却另有所想：记得那年来时是西湖的夏日，如今的景物，却比那年更令人感念。

及至到灵隐的寺外，只有乡村式的小店铺、茅草搭盖的小茅屋，所有的欧式的华楼别墅，全看不见了。鲍司及诺格都点头道："我们喜欢这个地方。"他们很感兴味似的！我说这些地方可以表示出中国

乡村生活的一小部分的。

我本想到了灵隐以后，去静听中冷泉的水声，再去往北高峰韬光寺顶上去俯览翠竹，哪知一入了飞来峰，这三位印度学者同恩厚之先生，如到了宝山似的，正在那里口讲指画地研究了一点多钟。飞来峰上的佛像都被他们切实地研究与考查了：哪一座是与印度的模式一样，哪一座是中国改雕的，他们手中所持的器具，手掌是如何的安置，都加以证明。鲍司先生当时连写了几张最好的佛像，颠顿于飞来峰下的水泥之中；又时时考问我，直至出来以后，已是四点多钟了！他们都很感兴味，我呢？很自惭于佛像上少有研究，一心只记挂着灵隐后面上韬光寺斜径上两旁翠竹中的鸣禽，但是其结果我终于未得去偿我心愿。

灵隐寺内春日的道场，却分外有趣，有一家为安死人之灵的道场，在寺内东偏的小客堂内。堂内举行此典礼：呗、铙、钹、鼓乱鸣在一起；一群穿了红色袈裟的僧众，正在分立两行，读那经咒。我们也趁便过去参观。三位印度学者还在静听，大约他们在那里去听僧众们所读的经词里的译语。及至火纸在龛内焚烧了，我们出来时，看见一位较为年老的僧人，沈先生与他谈了几句，我当着传语的；他们问他在此的情形，与印度人以前有到灵隐来过否的诸种话。那僧人看他们是印度人，也分外亲近。我由此感到思想上彼此关联的重要；因为他对英美人，恐怕不是如此。

后来一个题目，令我费了半响的事，就是沈先生忽然要找慧理禅师的坟去吊望一次。灵隐我虽到过，却没曾知道哪个地方是慧理的焚骨处；后来找到一个二十多岁僧人，他方引导着我们到飞来峰的北面，找到一个小小的石塔，我看看上面镌着理公之墓，我知道这就是了！他们又一一地将上面所刻的中国字，要我说与他们听；尤有趣味的，那少年僧人，仿佛很要同他们谈道似的！因为我告诉他说，他们都研究婆罗门教义，他便说婆罗门是小乘，佛教是大乘；我也不与分辩什么，只是微笑了！但那位好研究的沈先生非问我他说的话不可，我就一一地告诉了他，沈先生道他不懂印度的宗教史，我笑了！我想这还幸而是西湖灵隐的和尚呢！

在将近黄昏时，我们又到清涟寺去看玉泉的池鱼，拔刺的鳞影，清漪的水波，静到极处，也使我们的灵魂安闲到极处。

这一晚上我们回来之后，泰翁与几位印度学者早早地安息了。我同菊农约好，夜中同他去逛湖。天色渐渐阴沉，饭后竟然丝丝地落起雨来，他们都安歇了，饭店中的声音也静寂了好多。在楼栏上望着湖中，有时一星两星的灯火，从暗影中逗射出来，只听到雨点滴在敷沙的道上作响。我写过几封信之后，待菊农还不来，只得斜倚着临湖的楼栏沉思。

一只最小的游艇从岸边解缆下去，飞飘的雨丝中，微挟着春夜的冷意。湖水在岸边尚反映出浓绿的颜色；乃至我们的船"放乎中流"的时候，湖水便同深墨了！这时已近中夜，雨虽落得不大，可还是点点滴滴地在船篷上作响，满湖里已没有一点灯火。我同菊农分坐在小的木桌两旁，除却舟子以外，船上只有一壶龙井茶及葡萄酒与一大盒酸制的嘉应子了！漾着的小艇，漾着的心情，漾着的我们两个浮泛的生命,在这个春雨之夜的朦胧的幕下,远了!渐渐地远了!模糊地远了!从来处的电光楼台及时有喧哗的人语,都似秋江夜泊的隔林渔火若有若无。本来不想到任何去处的,随着它浮泛去吧!只检深暗幽秘去藏此舟。经过锁澜桥离去了白堤的暗影。桨声与船头船尾触着的水波相互作响,静极的微声,似我们的灵魂在背后小语。泛到湖心亭外,几行烟柳,都在沉睡;暗影中的亭子,也被上黑色的睡衣;只有小犬的吠声来欢迎我们这一只孤零零的游艇。这时菊农与我有意无意地谈着中国的诗歌、泰翁此来的印象,又随意地唱着不成韵的英文诗。然而大部分却被此当前的夜之魔力,将我们的心意时时锁在沉默的门里。虽是云遮月的天色,然而四围的风景,都看不分明,连那最高的保叔塔,也同夜云合在一起,无从看得到。舟子与我们谈着距湖心亭不远的一个土墩,陈述着妖异的传说,他说:"这个墩子,向来有奇迹的!所以没人敢来此建筑房子——若是也同其他地方的时候,早也成了繁华地了;如今只有些垂柳野蔓,住在上面呢!"我想可惜西湖的奇迹太少了!只索将天然的美人,加上桎梏,刻划,不能保存她那香谷佳人的特色,任凭人类的欺侮。菊农忽然说这墩上的蛇一定很多,但我用手杖从船上去拨乱了许多草石,却没有可爱的蛇露出头来。

　　沉沉地想了,淡淡地忘了,泛泛地遇合了,匆匆地离去了。我自己也不能分析在此时、此地,什么是情感之瞬间的要素,只是向无尽的、神异的太空中望着。雨点被风吹斜,掠过面部,流到湖水中,似乎有点东西赠予我这片空空洞洞的心。实则心中何尝是空空洞洞？已经饱吸过了，容纳不了，而泛溢出了些东西，看不见的，说不出的。轻微一点说，就是如同从太空中斜掠下的雨点的轻清而润湿，如远远的空山里的绝钟清响，从林木中湖波上连续着震颤着传来。

"算天长地久有时尽，奈何绵绵……"这几句旧词正是我在这时感到而说不出所以然的意味。可怜！我们胸中的宇宙太小隘了，太局促了，不能够"洗尘襟，著得乾坤大"，不能够"霁月光风"随在见出"天君泰然"的态度，又不能有"聊一笑吊千古"的豪爽；只觉得在静夜的雨声凄凄的游艇上满载着这样绵绵的、重重的幽感沉到中心的深处。只觉得从夜色朦胧中迷了归路，垂柳中如织成的轻烟，柔嫩的湖波上吞吐着的雨泪，四围的景色，都似低头无语。而我也觉得沉醉了！纵然有夜犬的吠声、静中的钟韵，也似分外增加我岑寂的游情，不曾有何等清醒的激动。

到底这夜中梦境如何？也是迷离的雨夜中的湖色一样，看不清了！说不出了！

（《现代游记选》上册，姜亮夫编，上海北新书局一九三四年四月初版，原题《西湖上的沉醉》）

吴　俊：
浙杭，为我国东南之胜境。城外西湖，名震中外。而物产之富裕，则甲于长江

讲述人为游客，具体事迹不详。

浙杭，为我国东南之胜境。城外西湖，名震中外。而物产之富裕，则甲于长江。岁在十七年秋八月，余为饥馑驱使，偕金君池萍，应叶公之招。二十一晨，为首途之日，都与契友话别，如汪子涵秋、薛君建白等。临行时蒙涵秋情殷，送余登轮。抵城，寓大方，翌晨，偕金君购联票二纸，搭青阳轮赴申。到青阳站已一时余，站长系浙绍人，态和蔼。与乘客谈天。二时二十五分锡区间车抵站，车内甚拥挤，早无隙坐。四时二十分到北站，唤车直至大新街。投沪台旅，休息片时，余即驱车往胡家木桥访友三，不晤，旋寻殷君志伯于锦章书局。久别重逢，相对欢然，多蒙殷君致意，并挽余游大世界。十二时回寓，殷君旋告去。余忆大世界，系火毁后之重建地，高至五层，内以共和厅为最壮丽。有天台山农、唐驼等题字，以及各处之游戏场，亦迥非昔比矣。事记武林，途中不多记述。

十三日上午十二时，与金君搭电车到北站。适一时快车已升火，即购票登车。幸不类沪宁道济，坐位舒畅。车出龙华，经松江、嘉善、嘉兴、硖石、长安，抵城站已六时，乃乘车经投平海路。际兹新秋天气，此刻细雨蒙蒙，余心焦虑，及至目的地动问，始知叶君在湖滨沧州旅馆。乃更辙往晤，并见丁君锡璞、卓君武初，亦游于斯。卓系粤人，今侨海上，昔年曾参戎场，为革命事业，先总理在时，其相得。既而叶君以嘉兴未果事告余，缘中途变卦。然余不为急，盖从兹六桥、三竺、晴湖、雨湖，任我邀游，岂非今日此来，亦不虚跋涉千里也！次日，池萍以事在渺茫，故即回苏。余因急欲一见湖山，晨七时，由旅宿径步湖滨。咫尺之隔，数十武入湖滨公园，作席地坐，瞻望平湖，悠然神往。湖心游艇三数，但三面环山，峦不高而特起，石不秀而潜藏，无巉岸之险，无冈岭断续之奇。湖滨游艇，一字排开，艇夫声声口唤耍湖，以博生涯。此时金风渐绕，畅于心怀，天然美景，洵不愧闲慧之区，亦仿佛出尘之境。斯景斯地，余既乐而忘返。午餐后，叶君来，买艇逛湖。艇名画舫，由一妇划桨，直流湖心。先至三潭印月，潭影如花瓶，石质，鼎足而峙，每周有六洞。据云，夜间纳烛其内，封以五彩纸，月光对射，隐现三影，故谓三潭印月。及登潭岸，则见衣香鬓影，游人如蚁，抵九曲桥，有摄影者争相竞来。惟池中残荷飘零，不免扫景。再进则三潭印月四字，高触眼前，为康南海先生手笔。经幽室数重，内有书画馆一，琳琅满目，美不胜收。惜余囊涩，否购一二，以偿宿愿。出后院，则绿荫遍野，孤峙湖心，盖斯地何异琼岛耶！此时艇妇早在笑迎招呼，于是相偕下艇。继至烟霞洞，而洞口迷离，暮烟惨淡。据艇妇云，该洞不论阴晴，时有烟雾环绕，或时彩霞分披，遥望之，无异炊烟。后经白云庵，及各大寺，名不胜记。惟叹夕照雷峰，已不我至而倾圮。今者，湖山无恙，塔影已杳，惜哉。迨日暮崦嵫，泛艇归旅，则电炬通明已报六时矣。

余在该旅寄宿数天，而几日中，因杭地生疏，只有徜徉湖滨及新市场一带。清朝时旗营即今新市场旧址，商肆林立，热闹盖杭城冠。该处衔接平海湖滨二路，而道途之阔舍，苏沪不逮。念七日为叶君先父开奠，余与丁卓二君往吊，奠设松木场，约三里之遥，乃驱车往。松木场系杭垣要塞，凡苏皖出入，乃必经之道，故香汛时，一般朝山进香者，都停泊此。而杭富杭余汽车站，亦设于斯。奠既毕，蒙叶君铺筵，倍极殷勤。席散，叶君使车夫导余等游黄龙洞，路可二里许，途中樵夫渔妇，往来于宝石山麓。及至，则白壁高垩，扫逸居风采，迨入洞府，不觉豁然开朗，固别有天地在焉。

既入洞府，有茅亭筑于道左，余等稍息其中，俯视平泉。见一石碑壁立于泉石之上，中镌四字，曰"有龙则灵"，体甚苍劲，乃当代书家，白龙山人王一亭先生所写。该洞院凡三所，铺陈淡雅，惟未见有菩萨。院内系道家。长者见余等至，殷殷招待，茶果杂陈，听道长云，迩年在苏浙皖数省，摹化所得，大有可观。今拟添辟院房，广事修饰也。俄顷叶君亦至，后以银一枚作茶资。复由廊入，见一石洞穿于山农，一人以土矽开凿，轰隆之声，数里震闻。据开凿者云，着手不果数月，而其形已如城口。深有五六尺余，登架山，穿仙人洞，洞口悬有黑板一方，书曰游人勿动，恐遭危险，见者为之胆禁。拾级上，见黄龙洞三字镌于石壁，横贯山足，字大如巨斗，则极目四顾，则阁建依云。楼堪涤霭，溪流点缀，五亭三沼之间，若非十匠九柯之手，曷克臻此乎？须臾，乃循旧道，出洞口，有牧子手持栗梗，索之，则授余一小枝。啖其栗，虽小而味甜且嫩。据牧子云，乃是本山所产，盖我辈寄居尘世，安知指桃问津哉！

（原载《嘤声》，尚友社文艺股编辑部一九二九年编印，原题《旅杭三月记》）

张恨水：
目迷五色，不知何所取舍

张恨水（1895—1967），原名张心远，安徽安庆人，鸳鸯蝴蝶派代表作家，以长篇章回小说《春明外史》《金粉世家》《啼笑因缘》等著称。

一

恨水不敏，行已中年，无所成就。年来卖赋旧都，终朝伏案，见闻益寡。当风晨月夕，抱膝案头，思十八九岁时，飘泊江湖，历瞻山水之胜，亦有足乐者。俯首微吟，无限神驰也。因就忆力所及，作湖山怀旧录，非有解嘲，实思梦想耳。

谈江南山水之胜者，莫如吴头楚尾，所谓江南江北青山多也。大概江北之山，多雄浑险峻，意态庄严；江南之山则重峦叠嶂，风姿潇洒。大苏谓欲把西湖比西子，淡妆浓抹总相宜，则不但西湖如此，江南名胜，无不如此也。

西湖十景，山谷仅居其三，曰双峰插云，曰南屏晚钟，曰雷峰西照（原名雷峰夕照，清圣祖改夕为西，平仄不调，觉生硬）。而原来钱塘十景，则属山谷者较多，计有灵石樵歌、冷泉清啸、葛岭朝暾、孤山霁雪、两峰白云，盖十居其五矣。

双峰插云者，就西湖东岸，望南北二高峰而言。每当新雨初霁，一碧万顷，试步湖滨路，园露椅上，披襟当风，满怀远眺，则南北二峰遥遥对峙，层翠如描，淡云微抹。其下各山下降，与苏白两堤树影相接，尝欲以一语形容，终不可得，若谓天开图画，则尚觉赞美宽泛不切也。

二

近年南游来者，辄道西湖之水，日渐污浊，深以为憾。盖其泥既深，鱼虾又多，澄清不易也，然当予游杭时，则终年清洁，藻蔓长，无底可见。而四围树色由光相映，遂令湖水成一种似白非白、似蓝非蓝、似碧非碧之颜色。俗称极浅之绿，曰雨天青，近又改称西湖水，其名甚美，惜今日已不副实耳。

南屏晚钟，宜隔湖听之，夕阳既下，雷峰与保俶两塔，倒影波心，残霞断霭，映水如绘。游人自天竺灵隐来，漫步白沙堤上，依依四顾，犹不欲归。钟声镗然，自水面隐隐传来，昏鸦阵阵，随钟声掠空而过，则诗情如出岫之云，漾欲成章矣。

西湖水景，除里外湖而外，则当推西溪，两岸梅竹交叉，间具野柳，斜枝杂草，直当流泉。小舟自远来，每觉林深水曲，欲前无路，及其既前，又豁然开朗。兼葭缥缈，烟波无际，远望小岫林，如画图开展。两岸密丛中，时有炊烟一缕，徐徐而上，不必鸡鸣犬吠，令人知此中大有人在矣。

西湖为中国胜迹，文人墨士，以得一至为荣，故各处联额，无一非出自名手。孤山林和靖墓、林典史墓（太平天国之役殉难者，名汝霖）、林太守墓（清光绪朝杭州知府，有政声，名靖）前后相望，太守墓石坊上有联曰：树枝一年，树木十年，树人百年，两浙无两；处士千古，典史千古，太守千古，孤山不孤。曾游西湖者，皆乐诵之。至于少保墓联：赤手挽银河，君自大名垂宇宙；青山埋白骨，我来何处哭英雄。此则艺林称赞，无人不知矣。苏小坟上有联曰：桃花流水渺然去；油壁香车不再逢。集得亦佳。

三

湖滨路有一茶楼，凡三级，雕阑画栋，面湖而峙。尝于漠漠春阴之日，约友登楼，临风品茗。时则烟树迷离，四周绿暗，而湖水不波，又觉洞明如镜。既而大风突起，湖水粼粼，遍生皱纹，沿湖杨柳，摇荡者不自持，屡拂栏前布帏而过。所谓山雨欲来风满楼者，临其境而益信。此茶楼之名颇雅，日久已忘之，惟内马路有一旅社，名湖山共一楼，惜不移此耳。

南北二高峰，均在湖滨十里以外，予客杭仅十日，因登灵隐之便，一游北高峰而已。峰在灵隐之后，自灵隐五百罗汉堂侧，拾级而登，直至山顶，约合一万尺。山之半，曲折而西，有庵曰韬光。松竹交加，绿荫碍路，遥闻泉声泠泠然，若断若续，出自树草密荫中。转出竹林，有红墙一角，则庵门是矣。庵建石崖上，玲珑剔透，有翼然之势。人事与自然，乃两尽之。庵旁有一池，石刻之龙首，翘然于上，僧刳竹为沟，曲折引泉达于龙顶，水如短练，自龙口中吐出。池中有鱼，非鲤非鲫，红质而黄章，长约尺许，水清见底，首尾毕显。寺顶有石堂，登临俯视，钱塘江小如一带，江尽处为海，只觉苍茫一片，云雾相接而已。堂外有石匾曰韬光观海，以此，然未列于西湖十景也。

四

词家"三秋桂子，十里荷花"二语，致引金人问鼎，胡马南窥，西湖桂花之盛，当可想见。向来游湖者，极道九溪十八涧之美，而不知九溪杨梅岭一带，重翠连缀，秀柯塞途，极得小山丛桂之致。据杭人云：八九月之间，木叶微脱，秋草半黄，堆金缀玉，满山桂子烂开，桂树延绵四五里，偶来此地，如入香海。每值月白风清，万籁俱寂，云外香飘，距山十余里人家得闻之。予闻语辄神往焉。

云栖之竹，几与孤山之梅齐名。到杭州者，实不得不一访游之。其地翠竹数万竿，密杂如篱，高入霄汉。小径曲折，迤逦而入翠丛，时有小泉一绵，自林下潺潺而来，石板无梁，架泉为渡，临流顾影，须眉皆绿。林中日光不到，清凉袭人，背手缓步，襟怀如涤。竹内有小鸟，翠羽血红啄，若鹦鹉具体而微。于人迹不闻时，山鸟间啼一二声，真有物我皆忘之慨。

外省游人至杭，如入万宝山中，目迷五色，不知何所取舍，而栖霞之与烟霞云栖，往往误而为一。栖霞洞在葛岭之后，深谷之中，竹树环列，狗见吠客，则游人不期而至洞所矣。初入为一山寺，若无甚奇，旁有石洞，坦步可入。及至洞内，忽焉为佛堂，忽焉为缝，忽焉又为屋，曲折阴晦，如非人世，洞最后露一口朝天，古藤垂垂，山上坠下，旁有水滴声，若断若续，不知出于何所，真幽境也。

五

小瀛洲即放生池，三潭印月，乃其一部分也，洲与湖心亭阮公墩鼎峙外湖水面。自孤山俯瞰，此洲如浮林一片，略露楼园。乃驾小舟而来，则直入青芦，可觅得石级登陆。陆上浮堤四达，于湖中作池，真是有路皆花，无处不水。其间楼阁、虚堂以空灵胜，卍字亭以曲折胜，盈翠轩以清幽胜，亭亭以小巧胜。亭曰亭亭，可想其倩影凌波，不同凡品。若夫清潭泛影，皓月窥人，一曲洞箫，凭栏独立，居然世外，岂复人间？

游湖当坐瓜皮小艇，自操桨，则波光如在衣袂，斯得玩水之乐。湖中瓜皮艇，长丈许，中舱上覆白幔，促膝可坐四人。舱内备有棋案（高仅盈尺，面积如之），可以下棋；备有短笛，可以奏曲；备有档勺，可以饮水。如此榜人，诚大解事，真所谓有六朝烟火气者矣。

西湖各地之以花木名者，云栖以竹名，万松岭以松名，九溪以桂名，白堤以桃柳名，平湖以荷名。初与旧景不甚相合。此外苏堤春晓,成为一片桑柘,柳浪闻莺,则草砾蛙鸣,此又慨乎人事变幻不定也。

六

苏小小墓在西泠桥之南。六角小亭,近临水滨,湖草芊芊,直达亭内。冢隆然,高约三尺许,在亭之中央,惟坟之上下,遍蒙鹅卵石,杂乱不成规矩,未知何意?据杭人云:游人在湖滨拾石,立西泠桥上,遥向亭内掷之,中冢则宜男。杭人之迷信于此可见一斑矣。

杭俗迷信之甚者,莫如放生一事。如禽如兽,固可放生,即一虫一鱼,一草一木,亦莫不可放生。且放生亦有专地,将鱼虾放生者,多在小瀛洲行之。将龟蛇放生者,多在雷峰塔行之。将竹放生者,多在天竺行之。竹何以放生?未至杭州者,必以为妄矣。此事大抵出之于好出风头之妇女,与庙中僧约,指定山上之某某数株,为放生之竹。僧乃灾刀炙字于上,文曰:某月日某某太太或某小姐放生,自此以后,竹即不得砍伐,听其老死。竹所临地,必在路旁。放生之竹,路人悉得见之,放生之人,意亦在是也。一竹之值,不过一二元,一经放生,僧不取,由放生者随助香资,因之一竹之费,且达数十元矣。

七

灵隐寺前之飞来峰,名震宇宙,实则不甚奇,其实才如北海中之琼岛耳。山脚一涧琤琮流去，是谓冷泉，涧边有亭，即以泉名之。亭中之联，以峰与亭为对，最初一联曰："泉自山中冷起，峰从天外飞来"，次改为"泉自几时冷起，峰从何处飞来"也。今所悬者，则为"泉自冷时冷起，峰从飞处飞来"也。

沿湖人家坟墓，布置清幽，花木杂植，偶不经意，辄误认为名胜。而墓之有是数者，亦殊不少。计岳庙之岳武穆坟，三台山之于忠肃坟，民元前之徐烈士（锡麟）墓，西泠桥之苏小小墓，孤山之林和靖处士墓，冯小青墓，英雄儿女，美人名士，各占片土。其他如牛皋等墓，自宋以还当不下数十处，尤不能一一列举也。

墓地最清幽动人者，莫如小青坟，坟在孤山南角水榭之滨，梅柳周环，浓荫四覆，小亭一角，仅可容人，伏于墓上。由林和靖墓至此，草深覆径，人迹罕到。白午风清，轻絮自飞，凄然兴感，令人不知身在何所。予于湖心亭壁上，见冷香女士题句，咏小青坟云："古梅老鹤尽堪愁，郁郁佳城枕习流。分得林花三尺土，美人名士各千秋。"清丽可诵。

（原载《世界日报》一九二九年六月十一日、十三日、十四日、十五日、十六日、十八日、十九日，原题《湖山怀旧录》）

舒新城：
这样富有吸引力的西湖，岂仅是可爱的姊姊，而竟是圣洁的情人！

舒新城（1893—1960），湖南溆浦人，现代学者、出版家，《辞海》主编，著有《现代心理学之趋势》《近代中国留学史》《近代中国教育思想史》《蜀游心影》《漫游日记》等。

一、西湖我的姊姊

西湖，我的姊姊！你是神怪的处女，我要永久伴着了你！

西湖，我的姊姊！我们都是自然的婴儿，同睡在自然的怀里。

西湖，我的姊姊！我愿化作游鱼，在你心里游戏！

西湖，我的姊姊！你是伟大的诗人，沉默中，给了我许多诗意。

西湖，我的姊姊！你是个快乐的人儿，为什么诗人见了你便要流泪？

上面是漪湖女士颂赞西湖的一首新诗。倘若你不曾到过西湖而你有姊姊，你会因你姊姊的温存体贴想象到西湖的娇柔可爱；倘若你无姊姊而到过西湖，你便会因西湖的可爱而想到姊姊的必要；倘若你有姊姊而又到过西湖，你更会能证明西湖确是我们的自然的姊姊。

这位姊姊，确是一位神怪的处女、伟大的诗人，她谪居在人间的混浊的世界中不知若干年，一切的丑恶都围绕着她，甚至于向她进攻，然而她的圣洁仍然如故；她曾把她的圣洁供诗人歌咏，供庸人践踏，然而她本着她的伟大的胸襟、亲爱的精神，对于我们仍然一视同仁。倘若人间果真有这样的姊姊，我想谁也都愿投在她的怀里，而忘去了慈母的抚育、妻子的恩情。

二、到西湖去

这位自然的姊姊，在中国确实是一位可爱的爱神，唐宋而后，历代的名士美人、英雄豪杰，"生养死葬"于她的怀中者不知若干；近十几年来，虽然因时势的变迁，而染着一点欧化，然而她的本质还是继承着中国数千年遗传下来的元素，仍然不曾改变分毫。所以中国的词人骚客要寻求诗料，善男信女要朝拜菩萨，固然要去拜访这位姊姊，就是外国的学者游客也因要领略东方的精神文明而去拜访这位姊姊；至于佳人才子政客伟人之以她为销金窟、游戏场而去拜访她的更不待说。所以"到西湖去"，在中国——最少是江南各省——差不多若干年来，就是民间很普通的一种口号。

我非江南人，然而西湖的可爱与当去，在十几二十年前便已深深地印入脑筋之中。

二十年前，我的私塾先生胡香泉师是崇拜苏氏父子而且醉心西湖的，所以"天欲雪时云满湖，楼台明灭山有无，水清石出鱼可数，林深无人鸟相呼"的西湖天国，当我幼年的时候，便已盘踞在我的心里，而常常随着胡先生"虽无双翼翔天空，也曾梦游到西湖"的长吟而梦游西湖了。

离开私塾以后，常常为学校的功课忙，很少有那长吟短咏的闲情，梦里的西湖也渐渐消沉了。谁料民国初元进了高等师范又遇着一位老师把我的西湖梦提起。这位老师是清末有名的经学家吴獬。当时我们都是些自命为科学大家、英国文学大家的青年，根本上不需要什么国文；可是我们的校长，竟因为他是有名的学者而特别延请来指导我们的国文。他的岳阳土话本不易懂，加以年老牙落，说话不关风，讲起书来更使我们莫名其妙。然而很奇怪！每逢讲苏子瞻、白乐天的诗歌，他总要提起精神滔滔不绝地赞美西湖，我们也无头无脑地听得津津有味！他因为足迹几遍天下，独未至西湖，视为毕生遗憾，而有意无意之间嘱我们必到西湖一游。于是我的西湖梦，又不时在脑海中浮现。

自民国十年迁居江苏而后，便常常偷闲游西湖，"到西湖去"在我不仅是一种口号，而且多次实行了。

三、投到情人的怀里去罢

西湖虽然游过多次,然而我所知道的不过是她的装饰罢!她的心灵,我知道是内蕴在最深的灵府里,但是,忙于生活的我,何处能得充分的时间与充分的金钱去体验她的内蕴?所以每次游西湖总是充满了愉快的希望而去,赢得满腹的惆怅而归。当我念到得不偿失的时候每至忿而誓不再游西湖;可是,一有机会,便又徜徉于六桥三竺之间了。这样富有吸引力的西湖,岂仅是可爱的姊姊,而竟是圣洁的情人!

投到情人的怀里去罢!

我的生活本是水上的浮萍随风飘荡的,所以从来不曾想在何处作久居之计。可是七年前的南京,她那城乡兼备的风味,她那纯朴劳俭的风俗,她那东南渊薮的学府,她那低廉安适的生活……谁也都会赞美。就是我这四海为家、无处是家的人也择定了南京作为十年暂居之所。然而时势的变迁,有时甚至于比我们想象的变迁还快。自从南京改为首都以后,一切都有长进,而最长进的是房租与女工!未作首都以前,我们每月费十余元的房租,已可得一座很宽敞的平房,现在则一百元有时还找不着。女工呢?工资由每月二元加到五元且不说,你去雇人时,媒行(上海称荐头行,杭州称中人行)老板蹙着眉头说十几日或者一个月无人上门,那真是无法可设。至于其他的一切,其长进的速度,虽然不至照房租般十倍地增加,但是平均算来,也在两三倍以上。我们这些靠笔耕为生的人的收入当然不能跟着它们长进，甚至于每每因为首都所附带的种种消费（例如会朋友）而将工作的时间占去，收入反而大大地减少。

在这种种压迫的生活之下，若不能为国宣劳，占着政府的一把交椅而得点额外的收入，只有"逃之夭夭"之一法了。

所以自南京改为首都而后，肩膊上的负担好似千钧重一般，而有意无意之间，常常怀着"迁地为良"的念头了。

但是，人终究是惰性的动物！

十六年三月以来，虽然常常怀着"迁地为良"的志愿，但是终于不曾迁动一纸一笔；虽然于不胜压迫的时候愤然说立即搬家，然而在十七年九月以前，仍然还是安居在黄泥冈何家花园一动也不动；而且在十七年初听得拆屋修路的消息，口里虽说希望他们把我们的寓所拆去以便搬家，心里却时时刻刻希望它"万寿无疆"。谁料弄假成真，八月初果真得到房东转来公安局的通告，我们的寓所，果真要在一个月内拆去了。

寓所要被拆，只好搬家，但是搬到何处去呢？

我们早已知道南京不是我们所能居，但是终为惰性所驱，而空费许多气力看过几所我们所不敢问津的房屋。最后眼见到拆毁的日期一天逼近一天，于是决定搬出南京。

为着书籍的累赘、同人的牵制，不得不作大规模的搬迁，但是究竟搬到何处去呢？实是我们十余人累次商量而不能解决的问题。最后，只得由我亲自去上海、去苏州、去南通，结果一处都不相宜。经过种种曲折，卒决定投往情人的怀里。

我们最初亦曾想到这位可爱的姊姊与圣洁的情人，只为路途太远，运费太大，所以不敢轻于尝试。等到无可如何的时候，也只好忍着现在物质上的苦痛，浩浩荡荡地，奔向她的怀中，以求精神未来的安慰。

这是我们现在得日亲这位西子香泽的来由。

四、到杭州

我们是由南京直达杭州的。虽然到杭州已在夜间十二时以后，但有朦胧的月色、轻飘的秋风，伴着我们长征；我们又十余人占据一节车厢，无拘无束地自由谈话，所以也不曾感着旅途的寂寞。

我们在城站旅馆草草住过一夜，第二天清早便搬到寓所去。我们久居在行人如蚁、风沙蔽日、汽车满街、黄白满巷的南京，忽然来到这微尘不扬（适夜间下雨）、门整户洁的杭州，不知不觉之间，感着了无限的爽适。就是七十五岁的刘老太太，不及十岁的湘、淞，也说杭州可爱，而表示无限的欢愉。

我们的寓所是上海式的洋房，地面自然不及我们南京旧寓的宽敞，但是除了我们所住的一排房屋而外，前有菜园，后有桑林，右有宽大的校场，虽然左面近大街，然而有此三面的调剂，也觉得高出上海的鸽子笼一筹。而前楼斜对着高耸的保俶塔，时常给我们以振作的暗示，使我们坦然地努力向人生的旅途前进。至于湖上的云烟变化，更可由她反映出来，使我们不在湖滨而能领略西子化装的神妙。所以到此而后，大家都有"出幽迁乔"之感，而将故人的南京忘去了。

五、湖上中秋

我们是中秋前三日到杭州，为着行李的收拾，竟无暇拜望西湖。中秋的一天，我们照例得休息的，很早吃完晚饭，大小六人携着手走向湖滨公园，预备赏月。

湖滨公园是以沿湖之滨宽约五丈长约一里的地方为基址。背倚市场，面对湖水，于绿荫夹道中，设置座椅若干，便利游人坐憩静赏水光山色。所以游客居民常集于此，以为休憩消闲之所。

湖滨公园很可爱：因为她面对青山绿水，可以涤荡你的尘垢；有倦燕归巢般的游船往来湖上，可以引起你的遐思。游人虽然有时也很拥挤，然而有水光山色吸引你的注意力，绝不会使你觉得他们喧扰；虽然靠近市廛，但绿荫蔽日，茵陈铺地，绝不会使你感觉是置身市廛中。倘若你有素心人同在，对坐椅上或席踞石中，谈你们谈不尽的情话，那些往来如织的游人，也绝不会走近你们或特别注视你们而扰乱你们的天国；若果谈得倦了，要喝茶吃点，不几步便可以得着很合适的地方。若果你是关心社会问题的人，你尽可以终日坐在那里，留心各色各种的人的言语行动，慢慢地归纳起来，做成一部大的社会学。若果你是"身在江湖，心在朝廷"的人，你也可于静观万物之余，于下午二三时向卖报童子，买一两份上海当日的报纸看看，使你对于你祖国故乡的情形不至因远游而隔膜。倘若你真要拜倒西子裙下，整日整夜坐在那里，也决无其他公园有所谓开门关门时间的麻烦，更绝无什么人来干涉你；而且你饿了或是渴了，只要不是时疫盛行，或者你的消化力很强，尽有许多可口的点心与水果由小贩手中源源供给你；而且朝霞暮云，淡烟微雨的变化无穷，只要你有时间在那里卜昼卜夜，也决不会使你感到倦怠的。

湖滨公园是这样媚醉人意的处所，无怪乎拜访她的无时或绝。

我每次游西湖，都得在湖滨公园盘桓几时，然而从没看过湖上的中秋。

今日我们到湖滨，太阳还羞答答地隐藏在宝石山后面，他的霞光正在与吴山顶上的月霞争辉，把湖上的绿水，映成如火一般的赤血；而沿岸的灯光，也如萤火般跟着天上的星光映在水中随波荡漾。我们自以为去得很早，但是先我们而去的男女老少已不知有若干；我们沿湖徘徊很久，始在三码头的旁边得着一个座位。

我们坐下，便有舟子来兜船，谓中秋月宜在湖中看，且谓取值甚廉，荡至十二时，只要六角。瑞以小孩们衣服单薄恐经不起湖上凉风，乃止而静观吴山月升。

月将升时，吴山之巅宛如晚霞，忽有青光一道散射在山巅的房屋草木之上，隐约映出城隍庙的雄伟，紫阳山的高耸。起初它们的倒影尚与宝石山的平分湖水，后来，太阳渐沉，宝石山渐缩，卒至吴山伸首到宝石山下；而游船往来其中，俨如织女投梭，将月光所映出的银丝，一根根挑动，使我们旁观者目眩心惑。那位娇弱的月姊姊也就在我们眩惑之中，完全露出她的色相了。

月升以后，游人更多，不独座椅石凳上满坐是人，就是草地与假山上也到处有人满之患；西湖中的游船，更如春泛的游鱼，衔尾并翅而行，围环着三潭印月与湖心亭徘徊容与。

我们觉醒在西子的怀里，默然不语。就是小孩们也眼睁睁争看着月光船影，枯坐不动，一变平日嬉笑的常态。虽然游人常从我们的面前经过，但是始终不曾扰乱我们的注意力，就是欸乃声声、蟋蟀唧唧，也一点点一丝丝印入我们的脑中。

我们看见许多高人雅士，带同娇妻爱子，携着樽酒月饼，从我们旁边的码头上雇舟夜游。他们有些将船放乎中流，任其所之，惟在其上开樽玩月；有些匆匆忙忙，驱舟子回绕三潭印月而返；有些不问所向，惟听舟子容与；有些蹲踞舟中，引吭高唱，笑傲湖山。而箫声琴声歌声更与欸乃声水波声如断如续地在相唱和，使我们累年的浊思，一一为这声声洗涤净尽。回想我们去年在烽火的南京过中秋，真有天堂地狱之别。我们乐不思返，而最小的湖儿却被这月色水光陶醉过甚而入睡乡了。

我们再慢慢地步向公众运动场绕仁和路、龙翔桥而返，已是十时一刻了。

这一次的中秋，我们不曾飞觞醉月，也不曾荡舟湖心，只看看他人怎样在湖上畅游，好像是太辜负了。然而除去在吴淞观海的一个中秋外，十余年来，实以此次为最乐。

六、奇　想

因为寓所离湖滨近，夜饭之后每每散步到湖滨公园去。

湖滨最可人：无论朝暮晴雨，都有她足以使人神往的地方，所以我常去不厌，而且每次总在那里静坐数十分钟，以至数小时。

每逢坐定之后，心神便会完全交给水光山色，什么事都不挂念，脑中的思潮也任它自由起伏，决不加以羁勒。平常想些什么，也无所忆。惟有一次忽发奇想，而使我自己发笑，它的遗迹也因而常存在于我的心意之中了。

我正在坐看保俶塔后晚霞变化的时候，忽然听得湖滨"扑通"一声，接着便寂然无闻。我当时并不起身去看个究竟，只想象是有人投湖死了。

由这"投湖"的一念，想出许多事来。

我以为生与死是必然的因果，谁也不能逃脱。生之权不操之本身，死总可以自由处理。不想死的时候，当然可以不死，若果有人愿意死，我总觉得是他的主权，谁也不当去阻挠他。所以我虽不提倡自杀，但我决不反对自杀。

我在报上常常看得许多关于自杀的消息，这些消息之最足以刺激我的自然是自杀者的身世及其自杀的原因，而自杀的方法也常引起我的注意。

在上海，黄浦江上植立了社会局劝止自杀的牌坊，在南京，燕子矶头也刊上"死不得"的石碑；我的朋友也有死在燕子矶上的。

不过我以为那些地方都太干燥而污浊了，就是能死，也死得不甚美。

我想，有人愿意死，最好是以西湖为死所。死在西湖，死后的一切，死者也自然与死在他处一样地不能知道，不过在未死前的几多时乃至于一刹那，总可以静对碧绿的湖水，把心中的积垢涤去大部分乃至于全部分，而安然自在地死去：不会如投黄浦者之嫌江水污浊，跳燕子矶者之顾虑到粉身碎骨。

然而，就我所知，似乎从来没有人投西湖自杀的。

我起而追求此中原因，忽然为晚霞所诱，而站在那里出神，连什么都忘掉了；不独无死的念头，连生的追求也停止了。于是我始感着自然的伟大；什么生与死，在我们视为一种最重大的问题，在自然看来，是值不得一个点头的微笑。

我于是发现我的奇想为多事。

七、广化寺里

到了杭州许久，从没通知一个友人：这并无什么意见，只是觉得不必多事而已。但是住在广化寺的孙俍工夫妇，我们却早想到不可不去一看。

我们去的那天是星期日。骤然相见之下，彼此对于两方所有的大群人口都有点出乎意料之外的惊喜：我们有四个小孩是他们所知道的，然而决不料同时能去看他们；而他们除了原来的两夫妇外，有堂妹，有堂弟，有堂侄，并都有老父，除去俍工的书记童女士以外，人口的总数比我们还多。

因为许久不见，大家都想久谈一会，佷工夫人，并要请我们吃午饭。可是她之曲背如故，不能自由动作如故，不能操持家务如故；而佷工之大腹便便、怡然自得的神态则较前更为过之。

我们一面说着过去现在未来的事情，一面看他们男女老少合作烧饭，孩子们则排着队时而跳往楼上，时而跳向楼下。佷工的生活本来是很随便的；书桌上的凌乱本足与闻一多和我的比赛，而室中其他的杂沓较我们尤过之。这次有四个孩子时来时去，打出打进，床上地下的纸片弄得如天女散花般的飞着，而洗来未久的白被单，都被他们踏上几只灰黑的足印。孙夫人看得他们叫阿弥陀佛，他们也说阿弥陀佛。倒是两位老者看得他们有趣，吃饭的时候，还特别拣几件好菜给他们以为奖励。

他们的饭真不容易得吃！第一是材料不够吃，第二是锅子和灶头不够大，第三是碗筷不够用，第四是椅凳不够坐。他们想了许多的方法和和尚及同住的通融，到了下午二时，总算得饭吃了。可是结果还使两位厨子讲究卫生，不敢吃饱。

我们看见他们所住的房间的局促而价昂，很感着不便。问他们何以要住在这里而不住在城里，他们说市内的空气既不好，一切又须自备，这里有现成的用具而且灰尘多（楼上楼下三间均临马路，公共汽车往来不绝），可以将灰当雾，坐在楼上饱看雾里湖山。这种奇妙的答案，恐怕不是一般人所能了解，但是我能明白，而且深深地明白是他们"浮生"的人生观所应有的结论。

八、玉泉观鱼

饭后，大家走往清涟寺，寺内之玉泉观鱼，为西湖有名的胜迹，远道游客大概都要去看看的。

何以叫玉泉？据《杭州府志》说："灵悟大师说法于此，龙君来听，为之抚掌泉出，遂甃为池，方广亩许，清澈见底，旱潦不盈竭，流出山外，灌田千顷。"由此看来，龙君抚掌能出泉，其神通固然广大，而灵悟大师能使龙君来听讲，其神通尤大。实则清涟寺背倚桃源岭，山中泉水集而成池，不过因寺与蓄鱼而出名而已。

但是这样的神话、这样的设置，我都不反对：因为它最少能使我们想象出更神于龙君的奇迹以慰安自己，同时也能使我们见若干所不常见的鱼。

鱼得水自然是很乐的，有泉水想当更乐；庑上题着"鱼乐国"的匾额，不独表示鱼乐，而且表示它们是别有天地。小孩们看见那些红、黑、花、白长盈数尺的种种鱼在池中优游自得，也感着无限的愉快，而向母亲要钱去买僧人们制就的鱼饵投入池中。这些鱼，也好像我们湖南辰州青龙滩上的乌鸦一般，都是专门吃白食的，专门等着人去供养；它们真太舒服！它们在动物中的地位很低，然而自称为万物之灵的人们却要为它们效驰驱，想来真是一件很滑稽的事情。

孩子们看得它们吃得很舒服而互相讨论它们的生活问题。他们最初都觉这些鱼比他们舒服，最后湘不同意；她的理由是它们虽然可以不劳而食，但是池太小，无论何时都不能出这方池一步，俨如孩子们犯了过为教师或母亲关在特定的房间一般，实在太不自由了。淞赞成之，惟宁独持异议；他以为这些鱼若果也和别的鱼一样在湖里海里优游自得，我们哪能看得着！更哪能有这样的快乐！

孩子们的议论都有道理。但是，孩子们，我愿意你们都记着自由的宝贵与这些鱼的不幸；同时，我更愿意你们都记着自由与依赖是相冲突的，要用自己的力量去求得自由。

九、西湖博览会

我们是九月二十四日到杭州的，不久便有西湖博览会的消息从许多人的口中传出来，到了十月下半月杭州的报纸便公布了关于此事的消息了。

博览会是我们常在报纸杂志看见的新闻，但真正的博览会，我们却从未见过；虽说不久也在上海看过国货展览会，然而不是博览会，尤其不是西湖的博览会。

西湖，在我们看来，已经是可爱的姊姊、圣洁的情人；博览会，我们也想到是一种最可人意的玩意儿（这玩意儿三个字，系表示我们爱好达极点的情调，并不含有不敬之意，特先声明）。将西湖与博览会连在一起，而又在杭州、在我们迁到杭州以后的时间开会，我们听得这消息便日日祷告它实现；及在报上看得这样的新闻，更是

西湖博览会总办公处　摄于1929年

手舞足蹈地喜不自胜了。

我们这次到西湖已在深秋,湖上的水、湖滨的树、湖外的山,虽然也照常在那里波荡着、摇曳着、耸立着欢迎我们,但是总不免有几分凋残的现象;而孤山的梅林、白堤苏堤的道路也因为年年攀折、年年摧残而现出畸零老病的神态;尤其是里湖的道路,数十年来还是顽石当道,崎岖不平。倘若有博览会,我想西湖的一切都会为之一变:最少几条马路、几处名胜总会打扮得如花枝招展的少女一般,使游客陶醉在它们的怀里。

秋的西湖,在我们看来,已经算是亲爱的姊姊、圣洁的情人了;倘使这位姊姊与情人于春风习习、百花醉人的时候,又穿上最新的时装,冉冉融融地在我们面前迤逦展转,你想我们的心神陶醉得成什么似的!

所以我们自看得西湖博览会的新闻而后,便无时不在期望它速速降临。

十、职业地游西湖

这个题目太特别了,难道游西湖也可以成为"职业"吗?但是,我有一种解说。

所谓职业,在我看来,只是"自食其力"而已;倘若我游西湖,不是以消遣为目的,而是自食其力的一种工作,当然也可称为职业的。

无论什么事情，只要是职业的，总要受多少限制，不能如非职业者之自由自在。但是游西湖而成为职业的，反可以因其限制而得着自由游览者所不能得的好处。譬如说：灵峰寺的梅花、西溪的芦花、花坞的竹径、五云山的陡峻，都有其异于湖中、湖滨各地的特点，但是自由游览者，很少能完全游到，纵能游到，也少有对于它们的种种特点为详审的考察而沁彻其风味的。即如我，号称游过西湖者，总有七八次，然而游踪所至，总是不出湖中、湖滨的几处地方。虽然从《西湖指南》的书籍中知道有所谓云栖、九溪等等幽邃的地方，但始终不曾去过；就是湖中、湖滨的几处胜景，也是乘兴之所至随便流览，更每每把它们的好处忽略过去，而反将糟粕当精华。所以西湖的外形，虽然不时可以浮现脑中，但问到她的精英竟在何处，我仍是茫然不知所对。

但是这一次受了西湖博览会的恩赐，竟使我自食其力地详详细细将湖山游遍了。

十一月初，陆费伯鸿君从上海到杭州，筹划中华书局参与博览会的事情，便道过访。这位先生的肠胃最妙，每次喝到西湖的水，一定要"拉稀"，他到我寓所的时候，正是他旁皇无所适从的时候。我们家里无特别的设置，只好将马先生移到我的暗室里，请他权在暗室解决他的问题。他于是由暗室而联想到我在上海同他购返光摄影器的事情，联想到我们三月间同游吴淞摄影的事情，更联想到西湖博览会的广告问题。走出暗室之后，便大声说："我现在决定请你做一件事情，而且料定你是决不迟疑而极高兴会答应的。"问其所以，则说要请我摄一本西湖风景集。

摄影自然是我所高兴的，但是我摄出来的照片是否合于出版家的需要还是一个问题。我们谈了许久之后，在美与真的方面很难得有两全的办法，结果只得照他的意见先摄一期《真的西湖》，再照我的意见，更摄一集《美的西湖》：前者权视为我的职业，后者则为我的作品。为着朋友的情谊、摄影的兴趣，终于只得这样办理了。

自此而后，每有暇日，必得出去拜访湖山，更必得有计划地将所谓名胜古迹的地方一一拜访到。于是远在西湖数十里外的云栖、小和山，游人所不到的云居山、蝙蝠洞等等地方，都成了我的故交而一次二次以至多次拜访过，西子的香泽也由观察而体验着；这篇《西湖纪游》的楔子，也更因此而产生了。

十八年三月一日杭州

(《狂顾录》，舒新城著，上海中华书局一九三六年七月初版，原题《西湖纪游》)

舒新城：

杭州有所谓"三冬靠一春"之谚；此时春来，正游人最多之时，但今年则甚寥寥

讲述人生平同前。

民国二十四年四月二十八日

午前七时与楫等出发，乘七时五十分特快车赴杭州，十二时二十分至杭，因微雨未便游览，乃驱车至国货商场及三元坊购衣料。国货商场在五年前为极热闹市场，今则楼上之店已关去一半以上，楼下亦关去一部分。三元坊之大绸缎店均门可罗雀，顾客不及店员什一。杭州有所谓"三冬靠一春"之谚；此时春来，正游人最多之时，但今年则甚寥寥。五年前之此时，所有旅馆几无不客满，今则空房甚多。小游船，市政府规定每日一元四角，现则八角亦可雇船一日。人力车规定每日二元，市价则一元一日。杭伞从前售五角者，现售二角。民生之凋敝，于此可见。

午后五时，雇小船游三潭印月及孤山，仅费小洋四角，合大洋二角八分耳。

四月二十九日

午前八时半雇船至岳坟，四人仅小洋二角。在岳坟小憩，步行至玉泉，再由玉泉去灵隐，途中乞丐甚多，令人生厌。在灵隐午餐后，徒步上灵隐寺及韬光，于观海处摄得美术片一张。同至灵隐寺门乘车去黄龙洞，返寓已五时半矣。即约定原车于明日游南山，每人车价一元二角，车夫饭茶资在内。

四月三十日

七时半车即来，八时早点后，乘车先至龙井，由龙井后门去九溪，再转理安寺，经二龙头之江大学，回至六和塔，即在六和塔下小店午餐。菜贵而味淡，两菜一汤费一元五角余。

午餐后去虎跑小憩，过石屋洞，转水乐洞，徒步上栖霞洞，归途在静慈寺看运木石井，归寓已五时矣。

五月一日

午前八时乘汽车至孤山中山公园，周游全园，于九时雇舟游阮公墩、湖心亭及三潭印月，在三潭印月坐移时，于十二时返新市场；

一时起行,乘二时快车,返沪七时半。

此行共用七十二元。所得印象,为农村经济衰落,民不聊生。但建设方面颇有进步,公路较前发达,街市亦甚清洁,惟最令人不愉者,小路之乞丐、公园之售零食者、湖滨之船夫、街市之车夫太多;无论何时何地,总有人包围叫嚣;即在公园小憩,亦有售零食者包围,使人无一刻宁静,实为市政上之大缺点。

(《漫游日记》,舒新城著,上海中华书局一九四五年十一月初版)

杨文安：
我们没有领略到月湖雪湖，但是我们体会发现出一个雾湖，这是我们的成绩

讲述人为当时上海来杭州旅游的中学生，具体事迹不详。

一、出发以前

江南的天气毕竟同北地大大地不同呵！过了二月初，一连几天和暖的阳光，从南岭吹过来的春风，徐徐拂过蛰缩的面庞，早已令人紧锁的心胸苏散，四肢酸软，深深地感觉到春天的来到了。

北方真是大可值得人诅咒的地带，它没有秋，更缺少了春；冬天完了，紧接着就是漫漫的长夏，夏天结束了，随着也就是悠久的深冬。二月的江南，早已桃李争妍、群芳竞发了，在北地则仍是突露的枝头，在凛冽的寒风中摇摆；忽的几日弥天漫地的风沙，跟着冻解了，气候变了，顶多不过十来天的光景，光刷的树枝，不但含葩，并且是绿叶成荫了。这样急促的时间，代替了江南美丽的三春。冬天亦是一样。几天的冷风，顿时的树叶刮掉，气候陡然一变，冰一凝结，丝毫也不经过较长时间的过程，严冬就开始了。天气有如人的性情，北方人的直朴而爽快，未使（疑为"始"）非自然影响人类的结果。虽不能概论，在北方是十分缺少三春的享乐是事实，以我们醉于江南春色的人看来，那又何尝是幸？

在江南就极其不同了。以上海的四郊而论，我们在开春后，看见灰澹色的阳光，一天比一天地明媚，一天比一天地艳丽；各种草木，由蓓蕾而逐日看到它开发与繁华，鸟兽虫鱼，由胚胎看到它的蜕化与长成。在春天这个时期，万物都尽态地争华竞秀，几乎使人的眼观都能察觉得出那种熙嚷翁营的声息。有娇艳的红桃，有柔媚的绿柳，若是一阵微微的春风，拂过树梢，掀动平静的水面，再扑到你的面上时，定会觉得如饮醍醐，十分地快意而又迷糊，直欲使人睡倒在地，将四肢碎散，而与自然冥冥地合为一体！

美丽的江南，醉人的江南春色啊！你使人凝结的心情苏解，使人在沉梦中醒觉；是一年最可宝贵的时刻，是人生中最美丽而难可再得的年华！

蛰伏了好几月的心境，受了如此外界的影响，学校里一般同学早已有了无形的变动，大家都不安于埋头椟席的生活。累累是三五结队，在午后课余走到郊外去散步，更有的在礼拜六午后或礼拜日跑到龙华看桃花或吴淞口行 Picnic 了。男同学都不觉地同冬天不同，好起修饰来了。衣服极整洁，头发也格外地梳理。至于女同学更觉得活跃，言谈嬉笑更其响亮，对男同学的态度更加和蔼，红红绿绿的穿着，简直成了时风了。

"春天不是读书天"，这真是真理！同学们上课明显地已经是敷衍，视为畏途，闷坐在教室里差不多等于困守牢里。

"昶日明和风景秀，艳阳天气惹人愁。"

同寝室的 L 君，下课后回寝室来，将课本向床上一扔，两眼直视窗外阳光，双手极力地紧压着胸膛，很有感喟。他近来生活很有些失常态，时时一个人独自凝视遐想。大家都觉得他有神经质，以为他有了心病了。

"L 君，什么事这样地烦闷？莫非真是天气太不适宜了？哪天我们到郊外去游散游散好么？老是关在屋里，莫要闷出病来了！"

一成很知道 L 近来心里苦闷，笑问他。

"哪儿去？到外面还不是一样！"

"到龙华去看桃花，或者吴淞也好，我们已有许久不到海边。"

"那些地方更不想去，那更使人多受些刺激，回来还不是一些空虚么？"

L 是落拓的人，不讲话则已，一说就多少有几分酸气和滑稽，因为他是那样地露骨，没有丝毫的隐讳和虚假。因此他少讲话，开口每每使人发笑。近来他神经的确有些病态，但少有人同他开玩笑，因为说起来他自比人还更能噱谑。

"龙华吴淞不去很好，这样的地方去两次就厌烦了。"

蔚民，漂亮而很能在女同学中活动的小孩子，大概他已去过不少次了，因此他厌烦。

"上海有甚么好地方可去，都被烟雾和建筑物占满了，并且这

063

几天有课，玩也不痛快。倒不如在春假作一个短距离旅行，到南京，或者西湖。"

我一面听他们的谈话，一面正在筹划如何使春假尽量地快活一下。结果是想到了西湖，因为如果留在学校里，也同样地不能读书，而且也辜负了景色宜人的春天了。何况是美丽的湖光山色还时时不断地向我诱惑，早就想投入它的怀抱。

"呵！西湖！西湖！……春假能够去游，那倒好极了。"

一成十分赞同。我们便大家约定一道同去，作一个礼拜短期的旅行，L和蔚民都高兴得很，如果不是以假期还有十天，那我们都会说到而即行了。

二、沪杭道上

很快的十天的时间就过去，学校正式放假一礼拜。我们大家准备一些日常应用物品和车上的食物，再约了两个朋友，头一天放假，第二天早上九时我们就登上沪杭第一班快车直向杭州进发。

大家心中有说不出的欢喜和快乐，因为我们在五六个钟头后就能得达江南的第一胜景呵！这时西湖已成了我们的理想中的爱人，我们都是很勇敢去赴我们未曾蒙（疑为"谋"）面的爱人第一次的约会。大家都有如壮士的远征！

火车绕过南站后，向南一直走就已脱离了城市，就纯全是乡村景象。由车窗往外看，一望无际，通通是绿色的广大平原，疏疏落落的农家，布置得十分匀称，有如棋局。火车过了松江后，乡村的景象无形中有些差异。一片青悠悠的稻田和麦地，改成嫩绿色的广大桑田，不时间杂些红色的桃花和白的李花，点缀得煞是自然，毕极美丽。桑林下绿草油然，健壮的农夫不息地伏背操作，少年小孩很自若地盘坐草地上游玩，车厢骨碌碌地跑过时都抬头愕视，终于又怡然地笑了。两旁放牧的牛羊，如雷的火车声音惊醒了它，昂头向这怪物睽睽而视，或者连跑带跳地狂叫起来。我们大家都为这幅自然美景欢喜得不得了，便一齐高声击拍而歌：

我一歌兮乐郊乐郊春水绕孤城，
几树桃花几树杨柳几行新竹稀。
赤足儿童腰横短笛牛背放风筝，
白发老翁手扶竹杖绿野散鸡豚。
君不见郭外青山天然好画本，
又不见石上清泉天然好钓墩。
拍手哈哈笑他燕鹊无福住柴门，
拍手哈哈笑他燕鹊无福住柴门。
……

我们六个人足足占了三等客车的两个客位。一面歌唱，一面跳跃，结果大家都快乐得来发狂，大笑大吼起来了。满车厢的人都对我们投以惊愕而又嫉羡的眼光。我们大家都自骄，都自傲，"人生行乐耳，虽富贵何时？"我们很庆幸我们能及时行乐。环顾车中肥头胖耳的官僚阔少，都鄙视他们不过是趋炎附势的市侩、唯利是图的行尸走肉！

　　车窗外美丽的景色，使得我们赏乐得忘情一切。我们正在胡乱地大嚼带来的面包罐头，见车上的旅客都急忙下车时，我们才意识到火车已抵城站。匆忙地叫好车子直向湖滨时，我们大家的心胸都感觉说不出的快感。待我们的车子停止在湖滨旅馆门前时，只见湖滨公园的红白桃花正开，与细长嫩绿的柳枝掩映，说不出的潇洒、艳丽。越过悠静的湖面，碧秀的山将全个西湖环抱，阳光照射在湖面上，光辉四耀，恰是"静影沉璧，浮光耀金"八个字的景象。睇视之下，不觉盛妆的西子，正盈盈地展臂欢迎我们投入她的怀抱！

　　进旅馆后，我们打着旅行团的旗号，得到优待，看定了前临湖面的优待房间。时间早已三点过了，大家吃过午饭，正四句（疑为"点"）半钟。虽然很暗，大家都不顾疲倦，耐不过急躁的心情，要向湖里一跑。互相讨论的结果，我们今天一两点钟的游览地以堤下湖滨公园为限，再不能远走，一致地同意后，我们走到近在旅馆前一箭之遥的湖滨公园里来。

　　湖滨公园是杭州城和西子湖交界的一条界线，一面是明媚的湖光，一面就是杭州城繁华的精粹堤下。论其宽，不过五六丈，但它的长则达一里多；两旁夹种桃柳，红绿相映。没有门户，也没有出入的限制，本来很像西欧都市间的散步道，可是在中国很少有，因此也就把它叫作公园了。

我们牵着手并着肩,一边谈笑一边赏玩,将它来回地走了两遍。花芳与树影,满筛在我们的身上,这时正是爱侣情侪醉狂的时间与处所,所往来的大都成双作对地走过我们的旁边,甜蜜地偎傍,喁喁地细语,尽都各寻自己的天国。我们要将此情此景来配合比拟时,深深地有些觉得我们太不与环境适合了。

再不能恶少般的在柳荫下横冲击撞,择了一个幽静的坐椅息下;太阳早已躲到宝石山的后面。湖面上一时晦暗起来,随着满湖的渔火,和着环湖沿岸的灯光,明明灭灭地映在水里随波荡漾,一刹那,山云隐迹,薄暮冥冥,西子晚妆成矣。

虽然天黑,游人差不多都已去尽了,四围的虫声,湖里的蛙声,在冷寂的夜里,聒噪不休,十分地寂寞而起人的遐思,我们反为舍不得这清凉的春夜,一齐正襟危坐在长椅上,谈天说地地玩了许久才回旅馆,时钟已九下矣。

三、游孤山葛岭

第二日晨与后,共同议定了我们的游历日程如下:

第一日——孤山、葛岭、岳坟;
第二日——苏堤、灵隐寺、天竺、北高峰;
第三日——龙井、南高峰、夕照寺;
第四日——湖心亭、阮公墩、三潭印月。

我们在早餐时,大家都吃得很饱,准备爬山。待出发时,和暖的阳光已将全湖照射得十分地晶莹、皎洁；全湖的花姿柳态，早已映入廉（疑为"帘"）帏，向我们诱惑了。大家披搭齐整，有的带手照机，有的背暖水瓶，有的携食物。走出旅馆，由湖滨公园踏上白公堤头，连跑带跳直望孤山走去。

白堤是乐天为杭州刺史时的遗迹，东由杭州穿过湖面连结孤山，再从孤山经西泠桥抵葛岭山下。堤南是外湖，附葛岭脚下者为里湖。极宽广，堤旁满植红白桃花，夹映在绵亘的古柳枝下，红绿相间，说不出的明媚妖丽。在整洁的堤道上缓步，里湖的荷叶香，外湖则湖碧天青，万象澄澈，俨如置身西子怀抱，何得不令人心折魂销！和暖的湖风习习吹来，我们大家都有些沉醉了。睇顾两旁桃花，在日光上，鲜艳而又妩媚，风姿潇洒，赛比美人，几疑走进华胥国境，梦入非非！忽忆前人赞西湖桃花妙境，几被我们一一全都领略了：

一、晓烟初破，霞彩映红，微露轻匀，姿态潇洒；若美人初起，娇怯新妆。

二、夕阳在山，红影花艳，酣春力倦，妩媚不胜；若美人微醉，风度羞涩。

此时已男红女绿，来往如云，整个的白堤已为骈集着一双双的少年男女所占有，值不得我们的留连，于是猛步前进，急想一探山中宰相林处士的遗迹。

孤山乃矗立西湖中的一个小岛，盘郁重湖之间，水石草木，极有幽色。因林和靖隐居而益著。我们时常听见"梅妻鹤子"的清号，并一说及孤山就联想到孤山之梅。其上楼阁参差，题咏满于壁石，没有这么多的闲情逸趣去——玩赏,更撇下了西湖十景之冠的平湖秋月,我们笔直绕到放鹤亭上来。

放鹤亭面向里湖,对岸葛岭,历历在望,相传林处士隐居此地每日植梅饲鹤,终日吟咏其间。我们到时梅花早已凋谢,并且枝上还满长着嫩叶,相叹来此晚矣,恨不能一鉴隐士"疏影横斜水清浅,暗香浮动月黄昏"的逸趣!铁栏中虽有白鹤数只,不仅朝代更易,数易主人,恐亦非原有自飞自返的爱禽了。

"喂!喂!"

活泼的蔚民对着葛岭大吼几声。

"喂!喂!"

登时山鸣谷应,四山都铿锵地响应起来,一时惊动了半个湖面,这即所谓"空谷传音",能够此呼彼应。

"嘎,嘎,……"

笼里的白鹤有似听了当年童子的声叫,也长啸起来。林处士死后至今九百多年,犹有遗风,我们不觉笑了。

曾闻当年白公曾为孤山之梅颠倒过了一回,他离西湖后犹时时恋恋不忘,故有忆杭州梅花诗"三年闲闷在余杭,曾为梅花醉几场;伍相庙前繁似雪,孤山园里丽如妆",而今我们亲自登临,则早已绿叶成荫,觉得有些怅然,再无蓬勃的兴致,急急地跑出放鹤亭来。

快快地跑到平湖秋月,很觉游船来往如织梭,湖既不平,更无秋月,稍可慰人的,一丝丝的柳枝,尚有依依之态。

沿湖跑过去,途中适经前清文渊阁鼎革后更名之浙江图书馆,我们为游湖而来，觉得无造谒之必要，就一径走入西泠印社。

西泠印社内的亭阁修得极其佳丽，穿凿也很幽深，如果将湖周围的大中华置诸不顾，真不啻海上仙山；若与湖周诸山并璐，亦极湖山之美。回视湖里烟波，浩渺十里，满湖画舫，笙歌遥传。心想杭人之醉心淫乐，未使（疑为"始"）非湖光山色之推动使然，亦犹人物之都丽，亦感乎山水之秀所生。单以我们而论，才到西湖一日，已大有"乐不思蜀"之慨，无怪宋俞国宝朝日醉倒湖上而忘返也："一春长费买花钱，日日醉湖边；玉骢惯识西湖路，骄嘶过沽酒楼前。红杏香中箫鼓，绿杨影里秋千，暖风十里丽人天。花压鬓云偏，画船载取春归去，余情付湖水湖烟。明日重扶残醉，来寻陌上花钿。"

离了西泠印社，过西泠桥，桥头苏小小墓在焉。苏小小为江南三美之一，南齐时人，故墓上联云："金粉六朝，香车何处；才华一代，青冢犹存。"古词有云："妾乘油壁车，郎跨青骢马。何处结同心，西陵（即西泠）松柏下。"

"啊！倾城一代的美人，也只合葬于这湖山艳丽的西湖！死得其所！小小虽芳年早卒，亦无憾矣。"

一成与我们六人都艳赏不置！

别了美人苏小小，再登途去造访威振一世的岳王。缘葛岭走去，等到我们到了苏堤之时，岳王庙正庄严地在我们的面前。穿过两重庭院，再向左转，正是岳王父子的坟的所在，我们仰瞻岳坟，不觉又是一种心情，再不是一种美的爱慕之情，却正是肃然敬佩之心。

"英雄一去不复返，我们回想当年岳王所向无敌的气概，撼山易撼岳家军难的那种气概，现在而今目下眼前的中国有一个，就不怕中国不振兴了。"

这是一成的感慨，我们又前后参拜一番走出岳王庙来。

"岳王不过有威武，是个英雄，我们目前的中国英雄又有何用呢？值得我们效法的不是岳王的威武，却是他'文臣不爱钱，武臣不惜死，天下事太平矣'的那种精神。"

这是同我们一道来的 C 君的意见，他觉得中国的乱源只是个人好劣的一个问题。

再严格点说来，"文臣不爱钱，武臣不惜死"又有何用呢？就假定他不爱钱，不惜死，而一般贫苦的不是同样贫苦么？

我自然，觉得他们的话都不彻底。

为了要爬葛岭，我们出岳王庙后就望直到烟霞洞（当为栖霞洞，下同）的路前进。本来是不很高的山，但我们久居在平原的上海，结果竟大家都流了一通大汗才到紫云洞的门前。

紫云洞是处在两山之际的山腰处，寺极小，亦无可取处，进到庙里，只觉冷气逼人，凉生两臂。寺内有泉水一泓，清澈而凛冽，以手探之，冰入骨髓。

由紫云洞再西往，有烟霞洞。寺前疏竹千竿，春笋正裂土而出，风吹竹叶，作悉索声。下望杭州郊外，青绿若纹绵，满山绿草，油然如茵。我们爱其幽雅，遂席地会餐于此，并拍影以志纪念。

烟霞洞乃一较颓圮之古刹，内有石洞——在山石之隙裂处，极深而暗，寺僧以烛引照，始得窥其底蕴。僧聒耳言先时何仙修道于此，很不顿听,其地清凉,确为伏暑避热之佳处也。

从烟霞洞出来,随葛岭山眷下行,不久我们来到一个山顶。上有一个用石砌成不成名器的东西,既不像塔,又不是佛龛,实其心而可登上。蔚民还没走到就笑了起来,说道:"我们贵大国的人毕竟有些玩古癖,甚么东西无用便是有用处,你们看,去了不知有几多劳力运些石头上这山顶来,修这样一个既不能躲雨,更不能够遮风的东西,岂不只徒劳民伤财?"

"对了,无用便是有用处。"

我们确有些赞同他的话,因为这是针对着我们东方文明的断语。

"你们哪里晓得?用处正大着呢!这即是西湖胜迹之一的初阳台。"

"初阳台!"

甚是惊异,转到石台前,果有"初阳台"三字。再俯瞰西湖钱塘,明丽耀人,湖中船舫,有如过江之鲫。杭州满城,民屋栉比如鱼鳞,不啻海国天乡,豁然得悟白公淹留此间之味:"灯火家家市,笙歌处处楼。无妨思帝里,不合厌杭州。"只叹登临已迟,不能在朝曦初上,满湖烟雾,由之江反射来万道金光,使人目为之眩,由此俯瞰湖心,正西子睡眼惺忪、朦胧醉态之时啊。

大家都走得十分的疲乏了,便长躺在绿草地上,默默地静赏这时色笼香雾、意态嫣然的美趣。久之,只保叔塔横影湖中,视时钟已五时半了。葛岭已算窥其大半,无登保叔之必要了,于是经炼丹台直趋山下,带夕阳赋歌而归,杭城已满城灯火:"东南形胜,三吴都会,钱塘自古繁华。烟柳画桥,风帘翠幕,参差十万人家。云树绕堤沙,怒涛卷霜雪,天堑无涯。市列珠玑,户盈罗绮,竞豪奢。"

四、游苏堤灵隐寺天竺北高峰

"水面夜凉银烛小,越娘低唱月生眉",杭城彻夜的管弦,使我们一夜未曾合眼。我的脑筋极力地使它转还平息,翻去覆来总是日间游历所经过的一些景物,心想这是一生中不可多得的印象,原也不应使之忘掉,结果竟一任其追回遐想,驰骋。听见楼头的钟声响了五下,不久,晨鸡就呜呜叫晓了。忽想起今天应去游的地方为苏堤春晓,此次来即为春,何得又错过晓的景色了,于是便披衣起床,催我们的同伴。

"秉乾,你何必这么早,天才发白。"大家都正甜睡梦乡。

"甚么还早?游苏堤春晓,是要春复要晓,春而不晓有何意味?"我早已闹吼得他们不能不起了。

待我们梳洗完毕,环湖马路汽车早已开始驶行。大家犹自半颠半倒地就踏上了汽车,到苏堤桥头。

这天大起雾露,咫尺不见,全个湖面都消灭了,哪里还有甚么湖光、山色?大家都说我早来得荒谬。

我不想同他们争辩。其实在深雾中游堤,踏露而行,四围寂然,如履云霄。古人晴湖雨湖月湖雪湖都赞赏得不了,竟未有一人来鉴赏雾湖,甚么历代诗人,这点都领略不出,真令我有些为西子不平了。

雾湖在哪里?这正是我以下的大发现。

苏堤横隔外湖后湖，较之白堤长二三倍。两旁种植桑林，间以桃柳，仅以石板铺设作道，宽不盈三尺。若白堤以桃柳艳胜，此则以清幽古趣胜。此时堤桑初展嫩叶，柳枝新绿，细垂及地，桃花作红白二色，为晓露新洗，与桑柳相杂，特别鲜艳、媚丽，正所谓"细露湿花，粉溶红腻，鲜洁华滋，色更烟润；若美人浴罢，暖艳融酥"。正喜我们又赏识到西湖桃花妙境三趣。朝雾为阳光所射，反更浓厚，一种空蒙之态，恰似罗绡围绕，以待桃色美人浴后的酣眠一样。

我们沿堤走去，两旁黄莺，婉转娇啼，直送我们到苏堤春晓头。桥旁柳枝下，有小亭一，亭旁石级平湖水，净洁如扫，我们就石上坐下，默听堤头雾里莺儿啼吟。

这是何等的神妙啊！我们坐下本要等雾散后来亲近春日朝阳时的苏堤，竟给我们以更美丽鲜艳的景物，这要算我们这次旅行的伟大成绩啊！

坐下不久，朝日高升，阳光更加暖热起来，春日的重雾，竟久不散，红的阳光反将白色的雾变成淡红色，笼照了全个西湖，唯桥头绿柳依然。远听湖船，唧喋而来，倏尔，微闻欸乃之声，稍顷，戛然如在云雾间，穿桥而过。远近的莺声，不断传来；我们如痴如醉如梦得竟倒在石上睡下。堤上的土芳与湖面气息，不断地传入鼻里，沁人肺腑！合眼冥想，此身似已不在人间了！

东坡说："西湖天下景，游者无愚贤。深浅随所得，谁能识其全。"自想何幸三生，今日竟得一亲西子的香泽！

开眼视之，则雾散天青，日光满湖，西子慵妆正理也。

我们都庆幸得达奇迹，亟起，合声大呼三声："West Lake Viva! Sih-Tsin, our darling viva?"

我们来回地在苏堤徘徊踯躅了许久，武林诸山，尽起烟云，红稜露处，织入云雾中，托画极其轻飘、含浑。深山秀岚，已展手向我们招致了。便搭自堤下归来之早市船，经过后湖向武林山麓摇荡前进。嗣抵岸后，仰视北高即在我们的头上。

我们由山径曲背走去，只觉曲折通幽，苍萃四合，每叹前行无路时，终又豁然开朗，真山行之盛致也！道旁溪流，汩汩作琴筑声，愈向前走，路径愈深，景色亦愈幽秀，我们正感受不知底于何处之时，一亭耸立溪边，乃冷泉亭的所在。再从林木间上视，佛殿巍峨，始察到已至灵隐。白乐天曾一再赞赏，推冷泉亭为第一："东南山水，余杭郡为最，就郡言，灵隐寺为尤，由寺观，冷泉亭为甲。"我们毫不踌躇地跑上亭来。

亭在灵隐山与天竺山之间的溪边，上有泉水潺湲而下，四围多茂树崇松围绕，其后为飞来峰，奇异古奥，巉巉欲坠，极为清幽雅致。若能长久忘情其间，大可使人不愿尘寰！亭旁广石极多，净洁如砥，泉水即经亭畔下泻。我们看到白翁何以这样的爱赏："春之日，吾爱其草薰薰，木欣欣，可以导和纳粹，畅人血气。夏之夜，吾爱其泉淳淳，风泠泠，可以蠲烦析酲，起人心情。山树为盖，崖石为屏，云从栋生，水与阶平。坐而玩之者，可濯足于床下，卧而狎之者，可垂钓于枕上。矧又潺湲洁澈，粹冷柔滑。"

泉之胜处，尽于此。

飞来峰界冷泉与天竺山之间，中多空谷，石崖突凹，呈兽物状，光怪陆离，煞是好看，江南之游人香客，极奇异之，若向川黔求之则几乎遍地皆是，真是少见而多怪。

离了冷泉，我们直上登造灵隐佛堂，刚至山门，即大书"绝胜觉场"四字。寺内大成宝殿极其雄伟，冠西湖各寺，甚宽大，前后左右的寺院，盛种名花异卉，真称得佛界的宫庭。风吹铎鸣，铮铮有如天乐，静憩片刻，令人之俗念尘烦顿消，不愧为清门的绝处。放翁曾记之：极湖山之美！因其自然，辅以雅趣。飞观杰阁，奇葩美木，莫不毕备。外而高明显敞，如蜕尘垢；入则窈窕邃深，疑于无穷。绍兴以来，王侯将相之园林相望，莫能及南园之仿佛者。

穿灵隐再向山上跑，韬光恰在其后。寺处灵隐山腰间，在此转看西湖，真如明镜一面。之江曲绕，有如银带，烟云之间，钱塘万顷田畴，在海天一际中，尽隐没于东海。正所谓"楼观沧海日，门对浙江潮"的雄奇是。

我们尽都汗流浃背了，但为要登峰造极，竟又再接再厉地望北高峰上爬。两壶热开水通通吃得精光，可是我们六人还喘息不止，口渴得要命。

"喂！两腿都已走痛了，我们歇一歇，再慢慢地爬。又不是上战场打冲锋，何必要一鼓而上？"

蔚民终竟是小孩子，早已脱后了许多远落伍了。看他气喘得来几乎转不过气的样子，真是可怜而又可笑。两脚连提也提不起，满额汗盈如滚豆，双颊通红，酷似十七八岁的女郎，娇怯不胜，力竭神疲的神气。

"哪里就在这儿歇？勇敢点，我们达到了北高峰再休息。"

大家都想难他一下，仍不停止地朝前走。

"那么我就不上去了！我在这里等你们。"蔚民真的再没一分的气力，竟双腿一斜，颓然地倒卧在路旁的青草地上。大家竟哈哈地大笑起来，只好停下。

待我们休息了一刻，爬到北高峰时，半山里正雄鸡叫午了。一起跑到寺前远眺，只见整个湖面，若镜地开展在我们的眼帘，千顷湖光，竟缩小如极影，船舫扰扰云雾间，蚁小得如鸥鹭出没。杭城十万人家，则仅烟云一团，俯瞰灵隐，深藏林壑，唯隐隐得辨阁红鳞瓦。环抱西湖诸山，苍翠异常，有如屏画。胸襟顿感开朗，叹为观止。

仰视辽阔的天空，烟云缭绕，一碧无极，觉得宇宙是何等的伟大，而我们人类又是何等的微渺。眺望一阵，观赏一阵，早已腹鸣，我提议午餐于此，于是众人席地环坐，开罐头取面包，众人皆腹内空空，竟如风卷残叶而竟。

我们的行程还有天竺未到，不敢再多留连，急急地下了北高，重登赴天竺之道。天竺与灵隐山侧邻，经过冷泉亭再向右转，两旁竹影掩映，使人又觉得是另外一种风格。此时沿途上香之乡女村妪，拥塞不堪，几令人无置足之处。心想如许每日来千去万，即令心诚有感，菩萨有灵，哪能管得了这许多的人间男女事，徒增跋涉烦劳耳。

天竺三寺（上天竺、中天竺、下天竺）相隔仅里许，率藏万竿丛竹中，潇洒自然，自具一种妙处，人称北山之胜在灵隐之幽深，天竺之清雅，诚为不虚。我们由下天竺过中天竺而至上天竺，满尝香烛冥钱之气味，气闷不堪。所可志异者，为三寺途间，峰峦回合，幽邃而洁，四山环抱，翠碧万状，众声丁东，响如金石，正庄生之所谓"天籁"是也。溪行两山间，竹叶飘摇，使人快爽。爱其竹茂如林，故为之数次拍影。

出了三天竺，早已夕阳在山，疏影横斜，相与掉舟而回。这天是我们游西湖登山极乐之日，大家高声歌唱，一日之劳，忘诸脑后了："斜阳尽处荡轻烟，辇路东风入管弦。五夜好春随步暖，一年明月打头圆。"（宋李篔房）

"涌金门外上湖船，狂客风流忆往年。十八女儿摇艇子，隔船笑掷买花钱。"（元萨都剌西湖诗）

……

是日乐极快极而又倦极，回旅舍即沉沉睡去，醒时已红日映窗了。

五、游龙井南高峰净慈寺

一日的疲劳恢复后，我们又雇好湖船，朝郭庄荡去，准备再往登龙井南高之胜了。真是所谓"为官为上古杭州，作客莫向西湖游。一片湖光三十里，教人何处不淹留"，几为我们连日来心情的全部写照。

郭庄前后桃李极多，大半种于园内，虽也都丽，但十分规整而难亲近，总觉有如大家的闺秀少妇，美而缺欠咏度。因此我们也就急急地向走上龙井的路途，踏步进发。经过的多是桑园麦地，田家风味十足，间或绿荫墙头间，拥出红桃一枝，鲜洁嫣然，有如乡姑娘的娇憨多态，与湖里的争妍竞秀，又迥乎不同。将这田间风味来与杭城的繁华作比，有如隔世。谁说西湖之美定必求之于孤山两堤间？持此论者定然未曾领略到西湖美的全体。我们步行在菜畦麦圃间，举目一望，湖心与山间，两者皆在眼前，正如"一处是金粉楼台，一处是竹篱茅舍；一处是桃柳争妍，一处是桑麻遍野"，二者兼有。

一面观山，一面玩水，缓步地前进，不觉已走到人迹稀疏的境界，遍地青茵，不染微尘，醉人的春风自湖面吹来，满湖笙歌，已渐隐于朝云柳枝间。啊！我们已经晋了桃源，走到极国，快乐得来忘路之远近了。

"香尘掠粉翻罗带，密炬笼绡斗玉钿。人影渐稀花露冷，踏歌声度晓云边。"我们俨若披发空山，隔绝人世。

走得来四山环抱、峰峦凑合时，那正是我们达到龙井了。龙井在风篁岭的腰间，古传有二，其一为老龙井，至今早已弃之于丛草杂木间，再没有过而问之者；现留者乃下龙井，在老龙井之下，涌现现存龙井寺之内。一泓寒碧，出石罅间，清冽异常，寺僧甃池以承之，汪汪若缸盛。内饲有色鱼三五，来回游泳，晶耀如点金。

"龙井之茶，天下闻名，我们到此却有井而无茶，岂不是一个大缺憾？"一成想见到还要饮到。抬头看井旁岩石上亦有"龙井试茗"四字。问寺僧产茶何处，僧乃汲泉水烹茶以待。极其清芳可口，饮后犹觉有枝头茶露的味道，咸啧啧称赞不已。

"哪儿有甚么香气，简直淡薄无味，还比不上田家的老林茶，味既浓而又可以解渴。"我们同来的朋友M君,四体健壮肥胖,颇远的路程使他口渴到极点,双手捧着茶碗,吹嘘地一饮而尽。

"你又吹牛了!所谓品茗,只可取一勺来尝尝就够了,何能像你那样的牛饮。你这样囫囵吞枣,就是再好的山珍美味,也不过是成了平常的菜根白汤,我们今天请你来试茗,并不特为你解渴。"蔚民笑驳他。

"何等的荒谬绝伦啊,茶既不为解渴,香又有何用?"他亦滑稽地笑了。

"你们都各执有理,因为你们现在切肤的需要就不同,一个要尝茶香,一个要急于止渴,这是你们出发的分歧点。其实你们都还没有体味出,所谓'龙泉试茗'固然在试茗的试字,可是何以谓试?自然试的是新茗了,龙井茶之好,就在茗新之时,今天我们都尝到了,那就是实证。"我轻轻地驳倒他们的意见。二三月正新茶上市的时候,这是我们不空游龙井一趟了。

离了龙井,我们缘山路上走,打着北高峰的方向爬去,绝少人影,再也没有愿男信女之纷扰。这次的爬山,再不是笔直地攀登;翻上一坡又是一坡,总是曲曲绕绕地迤延而行。一连休息了两三次才到南高峰后面的栖霞洞(当为烟霞洞)。山高壑深,更非湖里的秀美,而是一种壮大。我们跑到庙前,问乡人九溪十八涧的去处,则遥指对山的丛壑间以对,大家都瞠目惊异了。向下望时,是个上下起码一二十里的深谷,若再回头由山路绕去时,远更倍之。原来我们今天的游程有九溪十八涧一项,现在则可望不可即,结果只得打消了。

怅然地走到寺前石级上坐下远望。

西湖的美不仅湖且有山，而山上崖壑的秀美，在北萃于天竺灵隐之间，在南则萃于九溪十八涧一带。合九溪及其支流十八涧而故名，溪水穿绕林麓，括纳细流，曲折下注，入于之江。地在理安山之麓，有理安寺，由寺北行越岭而达龙井，我们则出龙井东行向南高，真所谓异途而不同归。

俞曲园（居孤山甚久，至今孤山犹有俞园及诂经精舍，乃其遗迹）曾谓九溪十八涧，乃西湖最胜处，尝咏其"重重叠叠山，曲曲环环路，丁丁东东泉，高高下下树"，因其四山环抱，苍翠万状，深而幽秀的原故。

我们坐在庙前对着前面的山涧，眺望一回，怅然地走进寺里，正当日午，没有霞彩可赏，便寻山脊再望南高爬去。最初路犹广可并行，随后越走越狭，终竟成了茅径了。

此时早已腹饥，见田间麦苗，绿秀可爱，即会食畦道上。果腹后，精神焕发，我们以南高山顶为目的，比赛竞跑而上，结果是我们神经质的L君得了头奖，看见立在山头大吼时，大家也就认负，缓缓地走上极顶来。

"喂！快来啊，这儿不但可以回顾西湖，而且可以快览钱塘江啊！"L君在上拍手作号地叫我们。

果然，我们走上看时，钱塘西来自云雾间，浩荡东流，迂回折绕作之字形，绕杭城南郊而下，其滚滚之势，不减扬子江，唯隔岸越苍翠差胜。回看西湖，两堤烟柳如荠；东望沧溟，极目千里，海风自天中吹来，洒然如蜕。杭城三十里，烟火十万家，与山光云影相晖映，隐约如在几案间，沿江田畴，茫然一碧，油绿若绣。以其形势言，不敌北高之雄伟，但其所处之地位，则较壮观多矣。真个是"同来绝顶凭高望，锦绣文章满目前"，心里说不出来地快爽。

眺望一阵又高歌一阵，见太阳已西斜，时间不待，只得向南屏山的方向，奔跳下山来。到夕照寺虎豹泉已来不及，乃仍朝湖里彳亍回转。经过了许许多多的桑园茶林，到了不少的村舍，终于绕到净慈寺的前面。

净慈寺规模宏大，前曾有南净慈北灵隐之称，以二寺之雄伟，为西湖三十寺之冠。前拥雷峰，后倚南屏，每当夕阳西下，雷峰倒影映湖中，直指佛殿，成为异趣，是所谓西湖十景之一的"雷峰夕照"。前人曾咏此塔影云："烟光山色淡溟蒙，千尺浮图兀倚空。湖上画船归欲尽，孤峰犹带夕阳红。"想在傍晚的湖面，苍然暮霭中，此峰塔犹映霞彩，辉照定必成佳妙。可惜我们到时，雷峰早已圮塌，徒凭瓦砾一堆，供人追吊，未得一赏此幽趣为憾。

我们在寺前低回良久，湖山依旧，塔影已消，不可名状的一种怆然今昔之感，涌上心头，怅怅地走进庙里来。

净慈的地位与湖上其他寺宇不一，它独特地靠南向北，虽与灵隐齐名，但因年久失修，已倾颓不堪，逊色多矣。第二院右首佛堂里龛下有洞深入地底，相传当年修盖此庙时，忌天和尚从洞中取木。寺僧以烛探照，洞底犹有木血一头，怪诞无稽，至于此极，若当时中国掘邃道之术已行，犹可考可信，然而江浙千里平原，此木又何自来者？只有那些以仙人有操天之法的人们来相信。

庙内有巨铜质钟一，重逾二万斤，考钟上宋濂之铭，为明洪武时所铸。响时声若巨雷，震撼山岳。每在朝曦初上、暮霭宴宴、万籁俱静、湖山岑寂之时，钟声乍起，响彻云霄，惊破尘寰，足使人深省。至今凡人之曾到西湖，每一提起十景的"南屏晚钟"，犹多增人警惕自省之情。

在庙内游玩了一时，出来再绕上雷峰塔的旧址，早已有墙围着，我们又唏嘘谈起雷峰的故事来了。

"人言雷峰塔极秀，我在画上早就看见，童然兀露，如何说得上秀？取雷峰不如尊保叔。"同行的 M 君他像有这样一个癖性，惯爱在美中去疵求他的缺点。

"雷峰本来就不秀，人们将湖两浮屠作比，雷峰如老衲，保叔似美人，极甚洽切。"这是一成的意见。

"你的比喻自然好，可是你仅见到的是近来年的雷峰。以前吴越王钱俶建造雷峰时，原来有重檐飞栋，风（疑为'凤'）角鳌头，只因在明嘉靖年间东倭入寇中华，才将它焚毁了，你如何晓得以前不秀？"L 君引经据典地说倒他们二人。

"以前秀不秀不去管他，传当时钱俶是为妃黄氏而建，因此也有人呼黄妃塔，为一个爱人去修塔，这倒可艳传千古了。"我排解他们的争议。

一方面在故塔的旁边谈塔的故事，一方面赏识这霞彩中的西湖，不一会，日隐山后，全湖顿时黑起来。等我们划船归到满曜灯火的堤下时，时针已指七点半。

六、游湖心亭阮公墩三潭印月

今天是我们留连西湖的最后一天，因为要赶搭午后二时的火车，早晨出发也较早，大概太阳自钱塘江涌跃起来，不过二丈高。我们包好四点钟的湖船，直向湖心荡漾而去；既可赏玩湖光山色，又可以划船。我们都争着划，又是一种难以形容的乐趣。

我们的船到湖心亭前，只见细柳含烟如画，有似美女披着轻纱，依依默默之态，令人之意也消。面对面地坐在船上，也不登岸，竟谈论领略起西湖游湖之美来。正是朝露微凉，烟云密织，环湖峰峦，空翠若沐。画舫多集于两堤孤山间，湖面异常平静，大概是画船尽入西泠闲却半湖春色的景象。

"西湖的美处，不仅在于湖之四面环山，而且是湖里有山，因此山得水而益翠，水映山而益清，你们看'不雨山常润，无云水自阴'之句，不是现在孤山与诸峰的写画么？"

"那当然。不过也是要暮春三月的西湖才有这个景色。我们来得正好，有的是青山，有的是碧水，有的是桃红，有的是柳绿，自然山就常润，水就自阴了。若在以后来那就萧索多了。"

"也不尽然，春天固然好，在夏季也有他的妙处，不是苏公特别地赞美六月间的西湖么？他的诗说：'毕竟西湖六月中，风光不与四时同。接天莲叶无穷碧，映日荷花别样红。'你想满湖荷花十里清香的时候，那是何等的好啊！并且我们来都是天晴，没有赏鉴到细雨蒙蒙、含浑迷离的西湖，那才是西湖西子均相似的景色，'湖光潋滟晴偏好，山色空蒙雨亦奇。若把西湖比西子，淡妆浓抹总相宜'，那又是何等的咏致！"

"那样说来，我们不但没有领略到雨湖，那即是雪湖、月湖，我们又何尝领略到？"因为我们来正是二月尾三月初。

"这又有何憾？我们没有领略到月湖、雪湖，但是我们体会发现出一个雾湖，这是我们的成绩。"

大家你谈我说，差不多给我们这次的旅行作了一个总结。于是挽舟树上，跑上湖心亭来。湖心亭是西湖里三岛之一，亭极俭朴，藏柳荫丛中，周围不过数十步。遗然独立，有似湖里一个小小的蓬莱。在这三春的时候，四面是绿山绿水，门前是绿柳绿波，反映在窗间壁上更是无所不绿了，另具一种悠悠之美。门前有清季收科状元骆成襄一联："三春风雨节，点缀两堤疏柳；满城灯火下，辉映十里湖光。"乃亭前远眺景纪实也。

别了湖心亭再登舟向阮公墩飘游前进。阮公墩正在孤山西泠之前，仅一荒漠的小洲，我们将船停在柳枝下，也不上去游览，高声地对着岳坟小小墓唱起歌来，和暖的阳光照着我们，湖里的春风一股股地吹人欲醉，怅望着眼前的山色湖光，很有怀古之感！

"风暖草如茵，岳王旧墓，苏小孤坟，英雄侠骨，儿女柔情。湖山古今，江山越尽兴亡恨！苏公老去，剩却六桥春。"

时间的急迫，催着我再向三潭印月前去。

"三潭印月"是湖中三岛第一胜处,亦极大,岛上隔湖掘池种荷,有楼台数处,平桥曲折相通,较之他二岛,清幽多矣。岛旁有石潭三,空其心而溺于湖中,每当月明人静时,月光自潭心反映,明月如出潭心,成为异趣,为西湖十景之一。

可惜我们来非其时了,游三潭印月应当在深夜人寂的时候,打着孤艇沿洄于荷叶柳枝间,以待明月倒映潭里,那才真是"空明朗映,皎洁圆莹"的三潭印月的真美!

欲走不舍,欲留不能,我们快快地别了三潭印月走上船来,舟子正鼓桨回堤下时,L君却指挥他划向雷峰塔旁边的一个小岛上去,家人都莫明所以,结果还是我们依恋湖上淹一刻是一刻的心情,就一任他去摆布。

船抵岛时,L君迅速地上去笔直朝岛上的庙里走,我们连加速步的都跟不上,到庙前我们看有"白云庵"三字,再走进去,L君竟踪迹杳然。穿庭绕院地找了许久,才发现他在一个小殿里的佛前,挺直着腰,虔心礼拜地捧着一个签筒在摇,众人大笑起来。

"哎,以为你到哪里去了,原来在求神问好事,来,我帮你击鼓。"蔚民顽皮地,竟砰砰地打动起来。一成也去敲钟。

我来回上下将这佛堂打量一番,只见匾额盈盈,挤满了一殿,不知道是哪一个灵验菩萨。

"这位仙人的神通真大啊!"M君也一再嗟叹。

我寻了许久才在角落见着一副对联,上书:"愿天下有情人都成了眷属;是前生注定事莫错过姻缘。"

"啊！原来是管人间事的神人，他自己还说六根清净，其实他自己解脱无方啊！"把我笑得伸不起腰。回视 L 君已摇出皮签急急地走向禅房去，领了签单，众人都跟他跑出庙来，齐视签上词曰："久旱逢甘雨，他乡遇故知，洞房花烛夜，金榜挂名时。"

"好了呀！L 君，洞房花烛夜，他乡遇故知，一定顺利，我们祝你的成功！"众人齐声说。

"啊！久旱确是久旱，逢到逢不到甘雨啊！"L 君的神经更加表现得厉害了。众人搀拥他上了船。

回上海后，L 郁闷了几个礼拜，离了上海到南京，竟目的不达，身先死亡，至今莫愁湖边荒冢间犹有他的孤坟冷冷，亦可说是我们这次游西湖的乐极生悲了。

（《中学生游记》，杨文安编，上海中学生书局一九三一年三月初版，原题《西湖记游》）

蒋维乔：
西溪之幽静，如逸士高人；西湖之秀美，如佳人名士

蒋维乔（1873—1958），江苏武进人，近代教育家、哲学家、佛学家、养生家。著有《心理学讲义》《中国近三百年哲学史》等。

余初到西湖，在清宣统元年。自后凡游浙中山水，均过西湖，先后不下十数次。足迹遍历湖山者有三次。以西湖之记载，既详且多，不复作游记。及今回忆昔日西湖，迥非现在可比，亦颇可玩味，因补写之。

清宣统元年四月初一，偕严练如、庄百俞、钱琳叔、徐果人、于瑾怀、翁佩孚，自沪趁小轮赴杭州。初二日晨六时，到嘉兴；登岸，换乘浙路公司（是时尚为浙人集股自办，不称沪杭甬）火车。由嘉兴至闸口，半日即到。下车后，先游钱塘江边之六和塔。塔建于月轮山，为龙山之支阜。塔下为开化寺，寺甚旧，只有僧二人。塔凡七级，登其顶，可俯视钱塘。月轮山环其东北，隔山乃不得见西湖，塔下有喷月泉。游毕，仍回火车站。以为时尚早，拟雇肩舆至法相寺。而余等七人，只雇到四乘。不敷用，遂作罢，乃乘汽车回拱宸桥，

宿于来安栈。时尚无新式旅馆，只有旧式客栈，湫隘嘈杂，夜不得眠！

初三日，晨，雇小舟赴西湖。舟从运河南行，自上午九时开，至十二时，乃抵松木场。盖当时湖边荒凉，无游客驻足之所，必从拱宸桥雇舟，乃可抵湖边也。登岸，雇夫役挑行李，至昭庆寺。稍憩啜茗。复至湖滨雇船。荡漾入外湖，至孤山登陆，饭于楼外楼。饭毕，回舟。向西泠桥而行，桥畔苏小墓，颓然一亭，荒凉满目，不似今日之完整。泛入东里湖，登孤山北麓，谒林和靖墓；墓前有放鹤亭，亭畔有巢居阁；阁下冯小青墓在焉。立孤山下，遥对葛岭呼唤，回声甚大，名曰"空谷传声"，盖声浪为葛岭折回，又阻于孤山故也。于是复泛舟至阮公墩湖心亭，入里湖，谒岳王庙而回。湖上除寺宇外，无可宿之旅馆。乃暂租刘果敏公祠为寓所。前楼五间，南面临湖，轩爽之至；惟有宿无膳，乃向左近湖山春社晚膳。膳毕，回祠。湖边寂静无声，既无电灯，亦无行人，与现代之繁华适相反！七人无聊，戏作叠字诗。其法，第一人任意写一字于纸条，第二人接写一字，至第三人，则将首一字折没。只许在第二字下，接一字；至第四人，又将第二字折没，只许在第三字下接一字；如是轮至第七人，接成七字，乃启折视之，有时七字句不通，可笑，令人捧腹。有时亦竟成佳句。吾叠成七绝一首，颇有意趣。录如下："湖堤千缕袅春风，杨柳楼台曲曲通。漫说当窗云水绿，游人同向夕阳红。"

初四日，泛舟游三潭印月。登岸，复游净慈寺，观济癫僧古井运木遗迹。寺对雷峰塔，塔尚未圮。惟不可登耳。既而至柳浪闻莺，泛舟至涌金门。入城午膳，复泛舟至平湖秋月，再白锦带桥入东里湖。登岸，至大佛寺。寺在宝石山，因山壁凿千佛岩。山颠有保叔塔，塔半毁，不可登。其形上锐下削，下面五级，成椭圆球形，上面两级，如罩，以铁环五六，层叠为顶。循塔基而西，仰望蛤蟆石，高出半空，向无人迹。余好奇，欲穷其胜，乃循来凤亭而西，亭旁有寿星石，块然横置于岩上，而与岩并不相连。再折向西南，则有洞，窄而深。循石级而下，探得其口，乃两巨石架成洞形。中有石台石凳，外有摩崖大字，曰"正德庚辰万思道至此"。洞内有"川正洞"三字。从洞后一线天而上，历石级二十余，有斜石压顶，磴道欹侧，身偏于左，乃得上升。级尽，乃得平地。纵广尺许，疑已无路，忽见峰后有极仄磴道，拾级而上，则为第一峰。峰顶凹如盂，从顶而下，审视前面，又有曲径。深入岩腹，循之前行，后仰见一线天。历石磴十余，险曲如栈道。回环而上，得造第二峰之颠。有石几，稍坐息足，复渡石桥而登第三峰。其颠有平台，台畔有石栏大石壁立其上，即蛤蟆石也。向者游人仅在山下望之，石形若蛤蟆，因以为名。而不知须越过三个峰头，乃得见之，实为平台上之立石也。蛤蟆石之高，适与保叔塔齐。于此俯视全湖，有类池沼；杭州全市在足底，钱塘如带环其南。日将西，乃从原路而下，至大佛寺前。登舟归寓，晚膳后，仍作叠字诗为戏，竟不能成句。

初五日，晨，七时。乘肩舆赴三天竺。登白云峰之半，还至灵隐。在寺前饭店午膳毕，即入寺，登飞来峰，峰下洞穴甚多，著名者为龙泓洞、通天洞、天乳洞。入龙泓洞，洞内甚凉，水蒸气滴沥而下，仰首见一线天；复至旁入天乳洞，洞内黑暗，而上有一孔通天光，即通天洞也。洞侧有穴，幽而深，非秉炬不能入，遂出洞，登飞来峰。自左攀扶而上，自右而下，路皆险仄难行！山麓有洞侧出，跨石渡涧，循涧水而行，历冷泉、壑雷、春淙三亭，水声潺潺，即所谓石门涧也。石壁有穴，二孔相连，游人以口接其一孔，试作声，扬出甚响，名呼猿洞。坐冷泉亭，静聆涧水声，令人神爽！既而入云林寺，从寺中紫竹林而上北高峰，至韬光庵。庵后有金莲池，池中遍开金莲花，叶似莲而小，略圆而端有尖，花黄色，瓣如覆瓦，相合而成杯形，雌蕊柱头，作深红色。再上为吕岩祠，祠前额，刻"观海"二字。于此遥望钱塘江，江之东，烟水苍茫不可得辨，盖海也。由庵出，登北高峰，石级盘旋而上，旁为山涧。松篁夹路，幽秀异常；历千余级至其岭，有北高峰寺。七人中登巅者只四人，余待于韬光寺。四时，自峰而下，仍回云林，乘肩舆归。路经清涟禅寺，入观玉泉池，池中有鲤鱼数千尾，大者长四五尺，重数十斤，寺僧以漆盘承粉饵授客，投饵于池，群鱼争来唼食。池前有"鱼乐国"三字，为董香光所书。出寺，回寓。

初六日，晨，七时，乘肩舆过茅家埠，经大麦岭、小麦岭之间。山深树密，浓荫上覆。登灵石山，逾风篁岭，由过溪亭而入龙井寺。小坐品茗，寺僧导观龙井。井前为龙泓涧，涧旁有神运石。又有石，状如片云，上镌"一片云"三字。再北为涤心沼，自龙井出，向九溪十八涧而行，西湖山中之最胜处也。两山夹涧，有路可通，屈曲如羊肠。溪水之声，潺潺不绝。过洞处，则以乱石架道，水流石隙，声益湍激。至理安山，中藏古寺，即理安寺也。寺前松柏参天，风景幽秀，殆非尘境。寺内有泉，自洞石间流出，其前刻"滴滴归原"四字，名法雨泉。度杨梅岭、翁家山，而至烟霞洞。洞甚高大，内壁皆凿佛像。进洞数十步，即黑暗；洞口就石凿龛，供财神像。陈蓝洲明府，以其不伦，为之改凿东坡像，题其额曰"苏龛"。寺僧学信，闽人，颇不俗，善布置。于洞顶凿石通道，构一亭，名曰"吸江"，以其正对钱塘也。下构一亭，名曰"卧狮"，以亭后有石如卧狮也。学信又善烹调，客至，必亲手制蔬享客，精美异常；余等往游时，学信年已近七十，不久即圆寂。其徒复三继其业，至今烟霞洞之素蔬，驰名湖上，则学信为之创也。余等在此午饭毕，至石屋寺，观石屋洞；其上为乾坤洞。又逾石屋岭，至法相寺。寺内有定光古佛像。出寺，便道谒于忠肃公墓，遵湖滨而归。晚间，新月初上，相率至白堤步月；今者湖上电灯繁密，即在望日，月光亦为所掩，非泛舟湖心，不能玩月，当时之湖上，入夜即黑，故虽上弦新月，亦已倍觉光明矣。

清宣统二年八月十四日，晨，九时。偕陆费伯鸿、沈朵山、严练如、庄百俞诸君，趁沪杭火车，第二次游西湖，则与前次已大不相同。湖边葛岭下，已有新式之惠中旅馆。房舍被褥，均清洁，余等即宿于此。旅馆前对孤山，中隔锦带湖，即孙氏别墅改建者也。

十五日，五人共乘一画舫，先泛至孤山，啜茗于巢居阁。闲步至圣因寺、文澜阁。阁中正大兴土木,改建浙江图书馆。山顶建数亭,或方或圆,可以登览全湖。离孤山,过西泠桥。至岳武穆祠,遂登栖霞岭,观紫云洞。拾级而登,至山半之紫云寺。叩门,阒然无声,惟闻犬吠;未几,见一僧从山中来,即寺之住持也。自言在山中折薪,闻声招呼,路遥而客未觉;言时,即以钥启门,延余等入。问其寺中有几个比丘?答:止一人。导余等游洞,洞颇高大,寒气凛然;复前行观栖霞洞,则较小,出寺下山;泛舟至两宜楼午餐。餐毕,复泛北里湖,至宋庄、高庄、廉庄,出映波桥。泛外湖,至三潭印月,啜茗。夕阳西下,遂归。晚霞红晕,湖水映碧,东方明月上升,景物秀美,令人心旷神怡!至平湖秋月登岸,饮于楼外楼,醋鱼、莼菜、新栗,风味绝佳!餐毕,回寓。复鼓棹夜游,湖中月色,分外光明;在三潭印月,玩赏久之,至十二时方回。

十六日,晨,七时,五人共乘兜子进山,前次来游,所乘者是有顶小轿,至此方有兜子。先到清涟寺,观鱼乐国。次至灵隐、韬光,皆旧地重游。复至烟霞洞午餐,访问老僧学信,则圆寂已年余矣。其徒复三出而招待,应对颇敏,然不着僧衣。余问:"和尚是谁?"则对曰:"兄弟即是和尚。"颇堪发噱!复三手制之蔬,不亚于学信,可见薪传有自!餐毕,导余等登南高峰,前游所未到也。由后面小径而上,崎岖逼仄,较北高峰难行。达其颠,则全湖一览,白、苏二堤,略如短带,孤山及三潭印月,夷如平地。杭城房舍栉比,钱塘绕其外,皆了了可指。湖上各山,登其颠能回望无障碍者,惟此峰耳。峰顶有废塔基址,破殿三槛。下山,过九溪十八涧,由理安至龙井，遵原路归寓。晚膳后，复沿白堤步月，至锦带桥，夜深始返。

十七日，本拟游云栖，便道至江头看潮；适逢大雨，即作归计。上午泛舟湖中赏雨，昔人言，西湖景物，无一不宜；夜月则游月湖，逢雨则游雨湖，冬日则游雪湖，此语颇确。余于月湖、雨湖，皆身经之，犹未游雪湖耳！

民国八年，五月十日，余从北平来上海，将游莫干山。适四弟雪庄，自常州来。手足别离多年，旅中相值，至以为快！余告之曰："汝生平未到西湖，曷勿同我往，一览湖山之胜耶？"弟亦欣然。即于是日午后登沪杭车，于晚抵杭。寓新新旅馆，弟素嗜酒，因命酒把杯，各话家庭琐事，旅馆地既幽静，肴馔更佳，兄弟宴乐，乐可知矣！

十一日，有雨。偕四弟乘舟游雨湖。尽一日之长，游遍孤山、湖心亭、三潭印月、平湖秋月等处。复登葛岭颠之初阳台。俯视全湖，有新建之抱朴庵。洋式楼房，甚为美丽，昔者来游所未见也。

十二日，晨，八时，偕四弟乘篮舆赴栖霞岭之紫云、金鼓二洞，复至玉泉观五色鱼；后游灵隐、韬光。此次余已携带测高器，测韬光高二百英尺，测北高峰六百英尺。午餐于灵隐寺前之周家庄。餐毕，至三天竺。迤逦自九里松、双峰插云而回，为时尚早；泛舟至涌金门，雇二我轩照相馆人，同往孤山，兄弟二人，合摄一影毕，饭于楼外楼。临湖小酌，尽兴而返。

十三日，晨七时，偕四弟乘舆往五云山，遵昨日原路，至上天竺之南，登琅珰岭，高七百英尺。岭半有望仙亭。亭下有狮子峰。因形似得名。有茂记茶场。占地千余亩。再上为关岭，高九百英尺。有望云寺。自岭而下，即入五云山。上下数山坡，始达其巅。亦高九百英尺；上有真际寺，可见西湖所称南北高峰，盖指濒湖之山而言。若离湖较远之琅珰、关岭、五云，皆高出于北高峰也。十一时，抵云栖寺，在寺午餐。云栖为明代莲池大师道场，遗像及墓塔犹存。寺外竹林，延长数里；绿阴幽深，亭午若不见日光。稍憩，即下山，沿钱塘江赴开化寺，登六和塔。塔凡十三级，高二百英尺。登第一层，远眺江流如带，帆船如叶。复至定慧寺，观虎跑泉。净慈寺观济癫僧运木古井。登南屏山，观雷峰古塔。遵苏堤六桥而归。

十四日，晨八时，往游西溪、花坞。先乘人力车，至松木场。再登小舟。冯君菊堂（德华）在彼招待；小舟以芦席为篷，仅堪容膝。行三小时，抵法华山麓。换乘篮舆赴花坞，坞中竹木深密，涧水低流，曲径中通，极幽秀之趣！昨在云栖爱其竹林葱郁，然仅里余，兹则连线十余里，比云栖更胜！有茅庵七，错落于溪山之间，类皆若行僧人，独居静修，多掩扉不开者。余等次第至休庵、树雪林、白云堆三庵稍休。十二时，仍乘舆自吴家河头登舟。泛至交芦庵，庵僧出书画示客，中有华秋岳绘西溪幽居图，及奚铁生绘西溪始泛图较佳。在庵午餐。餐后，泛舟至菩提庵，稍憩即出。复随意泛舟。溪流曲折，路路皆通。临水各村，宛在中央。西溪之幽静，如逸士高人；

杭州云栖寺　摄于 1920 年代

西湖之秀美，如佳人名士；诚各极其妙也。

　　余到西湖十余次，而穷湖山之胜者，亦只此三次。第一次探蛤蟆石，登北高峰。第二次登南高峰。第三次登五云山，探西溪。湖山胜概，几尽于是矣！

（《因是子游记》，蒋维乔著，上海商务印书馆一九三五年十二月初版，原题《西湖回忆》）

朱偰：
西湖最盛，为春月；一日之盛，为朝烟，为夕岚

朱偰（1907—1968），浙江海盐人，经济学家、历史学家，朱希祖之子；曾任中央大学、南京大学教授，著有《金陵古迹名胜影集》《玄奘西游记》等。

一、湖山揽胜

余幼时尝游西湖，然旧迹模糊久矣。后客居北国，举目风尘，常于记忆之中，留一湖山胜境；然印象所得，亦不过苏堤六桥，及雷峰残照而已。及游学国外，历览西欧名胜，或以瑞士之李曼湖（Lac Léman）与西子湖相拟，反索记忆中，景象转觉模糊，而登临之思弥切。二十二年三月，柳丝乍青，花须初发，正所谓"苏堤二月春如水"之时，遂收拾行囊，登程前往。兹先述湖山概览，继及游踪所及焉。

西湖在唐以前，寂然无闻，自白居易刺杭州，往来湖上，宴饮赋诗，艺林重之，西湖之名乃彰；及宋苏轼出守是邦，与高士往还，吟咏传诵，西子湖名益著，湖山显晦，岂亦有数存耶？考唐以前，在古人诗词中可寻者，则灵隐山上有梦谢亭，即杜明甫梦谢灵运之

所；更有钱塘名妓苏小小楼；其他类皆穿凿附会，不可深信。自白苏而后，名胜益彰，古迹益多，其间王侯将相，美人名士，英雄侠骨，儿女柔情，加以骚人墨客，高僧名妓，三教九流，无不备具，谓为中国湖山文物之总汇，亦无不可。兹先述其沿革，再及形胜。

唐白居易刺杭，在孤山筑竹阁，往还湖上，宴饮赋诗，西湖之名始著。其《余杭形胜》一首，盖为咏湖最初之作："余杭形胜四方无，州傍青山县枕湖。绕郭荷花三十里，拂城松树一千株。梦儿亭古传名谢，教妓楼新道姓苏。独有使君年太老，风光不称白髭须。"《钱塘湖春行》云："孤山寺北贾亭西，水面初平云脚低。几处早莺争暖树，谁家新燕啄春泥。乱花渐欲迷人眼，浅草才能没马蹄。最爱湖东行不足，绿杨荫里白沙堤。"读此诗可见白沙堤白公时已有之，今人每以苏白二堤相提并论者，非也。白公更有《西湖晚归回望孤山寺赠诸客》一首，其写孤山一路风景，即名画家亦不能几及："柳湖松岛莲花寺，晚动归桡出道场。卢橘子低山雾重，棕榈叶战水风凉。烟波澹荡摇空碧，楼阁差参倚夕阳。到岸请君回首望，蓬莱宫在海中央。"

宋人之咏西湖佳者，首推苏轼。其《饮湖上初晴后雨》及《孤山》二咏云："水光潋滟晴方好，山色空蒙雨亦奇。欲把西湖比西子，淡妆浓抹总相宜。"（《饮湖上初晴后雨》）"道人手种几生前，鹤骨龙姿尚宛然。双干一先神物化，九朝三见太平年。忽惊华构依岩出，乞与佳名到处传。此柏未枯君记取，灰心聊伴小乘禅。"（《柏堂》）"海山兜率两茫然，古寺无人竹满轩。白鹤不留归后语，苍龙犹是种时孙。

两丛却似萧郎笔，千亩空怀渭上村。欲把新诗问遗像，病维摩诘更无言。"(《竹阁》)公更有《腊日游孤山访惠勤思二僧》七言古风一首，写湖上冬景，其辞云："天欲雪，云满湖，楼台明灭山有无。水清石出鱼可数，林深无人鸟相呼。腊日不归对妻孥，名寻道人实自娱。道人之居在何许，宝云山前路盘纡。孤山孤绝谁肯庐，道人有道山不孤。纸窗竹屋深自暖，拥褐坐睡依团蒲。天寒路远愁仆夫，整驾催归及未晡。出山回望云木合，但见野鹘盘浮图。兹游淡薄欢有余，到家恍如梦蘧蘧。作诗火急追亡逋，清景一失后难摹。"

苏白而后，咏西湖者日众，有"毕竟西湖六月中，风光不与四时同"一首，忘其作者；其他欧阳修之《西湖》调寄《采桑子》："绿水逶迤，芳草长堤，隐隐笙歌处处随。"亦隽丽可诵。其后《西湖竹枝词》，多至不可卒读，类皆清丽，而失之纤巧，若近人诸作，每况斯下，至于近体诗而极，回首苏白二公之诗，阳春白雪，下里巴人，盖判然分矣。

西湖围可三十里，天目之山，龙飞凤舞而至于钱塘，环其三面，其东一方则城，为钱塘、清波、涌金三门。其间泉涧溪壑，千百道淳潴为湖，湖水澄碧见底，山影尽可照人。苏公堤十里径其西，分湖为表里，堤之桥有六——一曰映波，二曰锁澜，三曰望山，四曰压堤，五曰东浦，六曰跨虹。里湖亦成六桥——一曰环碧，二曰流金，三曰卧龙，四曰隐秀，五曰景行，六曰浚源。斜向之，曰杨堤六桥。湖之南列玉岑、灵石诸山，而南屏为最秀。湖北诸山之秀者，宝石为最；而崖穴幽异，万石骨立，则灵鹫峰其西山之最秀也。孤山横绝湖西，独峙水心，背引西泠桥，右接苏堤，左即白沙堤，与断桥相连，其间楼阁参差，松篁掩映，为全湖最饶胜迹之处。

西湖故有所谓"钱塘十景"者，曰"六桥烟柳""灵石樵歌""冷泉猿啸""葛岭朝暾""西湖夜月""孤山霁雪""两峰白云""北关夜市""浙江秋涛"，其命意题词，对仗工绝，视清康熙所题西湖十景，高下迥异。今之所谓西湖十景，一仍康熙之旧，曰"苏堤春晓""双峰插云""柳浪闻莺""花港观鱼""曲院风荷""平湖秋月""南屏晚钟""三潭印月""雷峰夕照""断桥残雪"。其后清浙闽总督李卫又增列十八景，名目杂出，迹近游戏，仅有"韬光观海"及"西溪探梅"二景，差可登大雅之堂耳。

除此各景而外，余又在葛岭之灿霞堂中，得见颜元所绘四景，曰"葛岭朝暾""云栖晚钟""灵隐呼猿""孤山访鹤"，笔墨潇洒，有出尘之感，盖自元人笔意中脱胎而出者也。

二、孤山访鹤

余到西湖，正柳丝乍青、花枝将放之时，湖上由断桥至苏堤一带，绿烟红雾，弥漫二十余里，远望湖光染翠，山色横黛，极明媚之致。过断桥，行于白沙堤上，夹道植绯桃垂柳，湖水空明，蘋藻可数，已觉心旷神怡，与山水真灵契合。从垂杨丝里，遥望湖滨，楼阁亭榭，绵连若线，湖上艇子点点，波光荡漾，西子湖之浓媚，蔚然毕现。尝闻"春山如美人，夏山如猛将，秋山如高士，冬山如老衲"，以之拟西子，更为适宜。

行可二三里，抵"平湖秋月"，西湖十景之一，每当天心月上，水面风来，加以白蘋秋老，红蓼花疏，晶莹空碧，恍如天上人间；盖湖际秋而益澄，月至望而逾洁，此平湖秋月之所以远近驰名也。阁三面临水，楹联满目，中有一联云："雨桨打翻湖底月；一篙撑破水中天。"颇有才气。轩前有所谓革命纪念塔，建筑浅陋，湖山灵气，为之减色不少。

出平湖秋月，北行进月洞门，远望千丝垂杨，依依道旁。过所谓烈士墓二，直达放鹤亭，宋处士林和靖故庐也。亭依岩结屋，下临后湖，隔水与宝云山相对；其旁更有巢居阁及处士墓。处士妻梅子鹤，视功名如敝屣，澹泊宁静，超然物外。明袁宏道评为世间第一便宜人，盖只为妻子，便有累赘，撇之不得，榜之可厌，如衣败絮行荆棘中，步步牵挂，是亦一得之论；然而和靖更高出一筹矣。孤山旧有梅花百树，一树蟠生怪石中，昔已多萎，后人补植，惜花时已过，不克躬与"西溪探梅"之胜矣。

由巢居阁后登山经赵公祠，粉垣上题"孤山一片云"五字，祠侧有财神殿，杭人重利，处处供奉财神，安得借咸阳一炬，了此业障！由此盘旋上山，经文澜阁后，山石亭馆，点缀极佳，登临而望，左瞰湖光，右挹山色；有绉云石者，秀巧玲珑，如太湖怪石，其间玉兰盛开，与桃李相映。既而夕阳衔山，烟霞四起，遂趋湖滨，乘艇子归去。湖心烟波浩渺，四顾空蒙，信乎袁子之言："湖光染翠之工，山岚设色之妙，皆在朝日始出，夕舂未下，始极其浓媚。"因

放鹤亭　摄于1920年代

咏七律一首，以志鸿爪："南北双峰夕照中，锦帆点点趁西风。山横黛色湖光好，水泛胭脂落日红。澹荡烟波摇翠碧，苍茫暮霭望鸿蒙。湖山最擅英灵处，放鹤亭西曲院东。"

三、灵　隐

尝闻杭多名刹，而以天竺灵隐为首，余至西湖之翌日，即乘汽车前往游览，兼登北高峰，临韬光庵、望海门。路经九里松，明张京元云："九里松者，仅见一株两株，如飞龙擘空，雄古奇伟，想当年万绿参天，松风声壮于钱塘潮，今已化为乌有。"此"九里云松"之所以为钱塘十景之一，惜今者并一松而不可得矣。沧海桑田，宁可论哉！由此抵灵隐，入山门，寺在北高峰下，最为奇胜，门景尤佳，由飞来峰至冷泉亭一带，涧水溜玉，画壁流青，是山之极胜处。飞来峰又曰灵鹫峰，晋僧慧理尝登山而叹曰，此是中天竺国灵鹫山之小岭，不知何年飞来，因驻锡，建寺，号其峰曰飞来峰。明杨守陈《游天竺山记》亦云："又西入山，路颇广，目夷然，益入益深奥窅间，第见古松离立拂云外，闻涧水与松风交锵鸣而已。……由岐陟灵隐寺，寺静洁幽胜，然昔称四亭，无一存者。睹其南峰，势若飞舞，崖壁奇峭，乃昔西僧谓自灵鹫飞来者，即天竺山也。其下有涧，梁以片石，饮其流冰齿，是谓冷泉。涧旁入呼猿洞，深且宽，传昔有猿，可呼之就手取果，亡久矣。"

按，湖上诸峰，当以飞来为第一，苍翠玉立，幽邃玲珑。昔袁宏道尝为之辞曰："渴虎奔猊，不足为其怒也；神呼鬼立，不足为其怪也；秋水暮烟，不足为其色也；颠书吴画，不足为其变幻结曲也。"石上多异，木不假土壤，根生石外，矫若龙蛇，翠蕤蒙幂，冬夏常青。峰下有岩穴四五，窈窕通明，溜乳作花，若刻若镂，壁间尽刻诸菩萨罗汉像，乃胡僧杨琏真伽所创，杂己像其中，今已漫漶莫辨。明张京元谓为雕残石骨，腥秽山灵，"某刺史断其头投之江，可称古今一快"。中有所谓"一线天"者，在龙泓洞内，其间窅曲黝深，寒气侵骨，石乳下垂，龙钟万状，洞上有石罅，旭日一线，上透极顶。由此转通天射旭各洞，窈窕通明，若阻若塞，洞口有东坡所书"佛国"二字，黑色灿然。忽闻流水潺潺，自峰侧出，导者言来自韬光万竹丛中，涧冷彻骨，清可鉴人，春淙亭跨涧两岸，壑雷亭临水流湍急处；而风泉冷冽，画壁流青，居灵隐之胜者，则冷泉亭其山水之英灵也。尝读乐天记有云："亭在山下水中央，寺西南隅，高不倍寻，广不累丈；而撮奇得要，地搜胜概，物无遁形。春之日，吾爱其草薰薰，木欣欣，可以导和纳粹，畅人血气。夏之夜，吾爱其泉渟渟，风泠泠，可以蠲烦析酲，起人心情。山树为盖，崖石为屏，云从栋生，水与阶平。坐而玩之者，可濯足于床下；卧而狎之者，可垂钓于枕上。矧又潺潺洁澈，粹冷柔滑，若俗士，若道人，眼耳之尘，心舌之垢，不待盥涤，见辄除去，潜利阴益，可胜言哉。斯所以最余杭而甲灵隐也。"

　　观此记，亭当在水中央，今依涧而立，涧阔不丈，余无可置亭者，然则冷泉之景，盖已非昔比矣。涧上石壁，有两隙，大各如豆，或谓为吹虎洞，以口吹之，呦呦作鸣声，近于猿啸，疑为呼猿洞；

惟上引杨守陈《游天竺山记》则云,洞深且宽,临冷泉,则又似指龙泓洞。(按,"冷泉猿啸",为钱塘十景之一,传猿至千岁而后白,欲穷其形者,终不可得,惟往往闻山石深处,猿啸与鸣泉相激而已。飞来峰西有白猿峰,闻下有白猿洞,盖以讹而传讹耳。)

四、韬光观海

自灵隐寺左罗汉城而西,经岣嵝山房,石磴数百级,幽篁夹道,古木婆娑,竹径窈窅,似不复人间世。峰高百盘,流泉数十折,山僧刳竹引泉,随磴曲折,达于山厨,水声玎玲,有若弦索,因名曰韬光泉。扪萝附葛,可三四里,乃达韬光庵。庵悬岩结屋,势若凌虚,临栏而望,湖山悬嵌槛外,障画排空;庵后小轩数楹,山窗洞户,明净无尘,泉涓石隙,汇为深池,泉水泠泠,夏不觉暑。更上一层,居韬光绝顶,有石楼方丈,正对沧海。楼后有丹崖玄洞,相传为吕祖炼丹台,台前有池,僧言中有龙,四足五爪而鳞,盖蜥蜴耳。回望西湖,波光荡漾;湖外钱塘江,浪纹可数;江外烟波浩瀚,茫无涯涘,盖海口矣。僧言破晓时登此观日出,景色殊奇,世称韬光观海者以此。

按,唐以前所谓灵隐寺,盖即今之韬光,后移灵隐于山下,若今之灵隐,岂能观海日而对江湖乎?故綦毋潜《题灵隐寺山顶院》诗云:"招提出山顶,下界不相闻。塔影挂清汉,钟声和白云。观空静室掩,行道众香焚。且驻西来驾,人天日未曛。"

骆宾王《灵隐寺》诗,或谓宋之问作,并载骆宋集中,好事者撰出，宋赋起二句，下窘于才；有老僧续下二句，乃宾王也。其诗云："鹫岭郁岧峣，龙宫锁寂寥。楼观沧海日，门对浙江潮。桂子月中落，天香云外飘。扪萝登塔远，刳木取泉遥。霜薄花更发，冰轻叶未凋。凤龄尚遐异，搜对涤烦嚣。待入天台路，看余度石桥。"明袁宏道《西湖杂记》云："余始入灵隐，疑宋之问诗不似，意古人取景，或亦如近代词客，捃拾帮凑；及登韬光，始知沧海浙江，扪萝刳木数语，字字入画，古人真不可及矣。"实则宋之问诗灵隐，即今韬光。

至今"楼观沧海日，门对浙江潮"，犹与湖山并传不朽，则明人之陋可知矣。唐人诗中，尚有陶翰《宿天竺寺》一首，写景极佳，疑即灵隐，录之以资观玩："松柏乱岩口，山西一径通。天开一峰见，宫阙生虚空。正殿倚霞壁，千楼标石丛。夜来猿鸟静，钟梵响云中。岑翠映湖月，泉声乱溪风。心超诸境外，了与悬解同。明发唯改视，朝日长崖东。湖色浓荡漾，海光渐曈昽。葛仙迹尚在，许氏道犹崇。独往古来事，幽期怀二公。"其"湖色荡漾""海光曈昽"二句，写日出如画，洵为初唐杰作，可与孟山人、王摩诘相颉颃矣。

五、北高峰

由韬光之旁，拾磴而登，筠篁渐少，间有松杉，夹道多奇草异卉，凡三十六盘旋，数千余级，始达北高峰，峰为武林山左支之最高者，自下至巅，凡九百二十丈。唐天宝中，峰顶有浮屠七级，今已久圮。巅有灵顺庙，祀财神，殊煞风景，惟庙西有楼，耸临危岩，下望万树参天，群山屏列，美人峰高出云表，秀色可餐，盖北山之胜者也。时夕阳衔山，万壑已暝，乃出庙归去。远望南高峰峭立湖上，与北峰相对，钱塘十景所谓两峰白云，及后世所谓双峰插云者，盖指此也。

六、葛岭朝暾

西湖最盛，为春月；一日之盛，为朝烟，为夕岚。游湖而不登韬光观沧海，不临葛岭看日出，错过朝暾初上，海光瞳昽，诚为辜负湖山，非凡夫即俗士矣。余到湖滨之翌日，迁寓于葛岭之麓，尝闻上有初阳台高据山脊，联云："跨鹤登临，看日出扶桑，潮来凫赭；扪云顾盼，正天心月上，水面风来。"心向往之。遂于天色欲曙、晓雾犹凝之际，披衣登山，凝待日出，有《初阳台观日出》歌一首，盖写实也，录之以志鸿爪："尝闻初阳台上十月朔，东海苍茫观日浴。潮来凫赭天地青，暾上扶桑江山赤。元人十景久闻名，爱此余杭胜富春。二十二年三月朔，独来西子滞湖滨。五更起视夜何其，寥落数星欲向晨。竹径苍苍凝宿露，危崖迥绝少行人。独上阳台望海滨，但见紫气起重垠。湖外长堤堤外柳，柳外青山楼外楼。余杭半郭烟苍茫，晓霭迷蒙薄钱塘。急流一抹分清浊，汹涌东驰接大荒。初见艳艳日一弯，涌起沉沉雾气间。赤橙黄绿青蓝紫，冉冉迎风日色殷。着木尽作青莲光，晓露点点凝明妆。日上半规射金碧，光华万丈吐毫芒。南北双峰尽浴日，艳艳都作淡金色。须臾亭亭日一轮，红光飞射映乾坤。一湖烟昧反茫茫，东海瞳昽浴素光。雾气沉沉侵涧壑，双峰隐约入云昂。君不见,葛岭头,由来胜景最难收。保俶塔,吸江楼,吴越创业称王侯。蝦蟆语,蟋蟀啾,半闲堂兮起山陬。胡骑长驱下江东,河山残破王气收。将军不战相携贰,丞相颐养且消忧。又不见,宝石岫,今日光景犹似旧。初阳台上日初出,紫气东来万壑幽。倏忽千变逞奇观,江海掀腾日夜流。我今赋罢下台去,跨鹤东临沧海游。"

七、湖上泛舟

葛岭观日出归来,时已清晓,春光浓媚,荡漾似水,正乐天所谓"几处早莺争暖树,谁家新燕啄春泥",因放舟西湖,容与水上。由后湖出锦带桥,望南屏山色如画,折至平湖秋月,过照胆台,以至文澜阁,藏有四库全书,太平天国之役,散佚过半,邑人竭力搜访,并北上补钞,因成全璧,东南文献,赖以不坠。文澜阁本视故宫文澜阁本装订较小,盖散后重置者。阁前山石嶙峋,绉云石在焉。明王叔承《武林富春游记》云:"山之石多秀巧如太湖怪石,使造物者置之大江,濯以海潮,沙土空尽,宜有奇丽妙观;然而瑞石山玲珑瑰洁,百状萃奇,洞崖窈窕,孤峰峭削,犹巧石垒甃,固有如江潮之所啮蚀者矣。"西湖固多怪石,然如近人庄院,遍置假山,本湖山胜境,自然天成;今为此,直班门弄斧矣!

由文澜阁过博物院,以至西泠印社,山石亭泉,点缀极佳,窅曲通明,故有小盘谷之称。有山川雨露图书室、岁青岩、汉三老石室、华岩经塔、潜泉、小龙泓洞诸胜。曲径幽窕，似穷实通，升降盘旋，去而复回，实吾国园林艺术之上乘，非欧美公园所能几及也。

由此放棹湖中，至湖心亭，绿杨掩映，别有天地。旧有层楼，凭栏四望，群山环列，如屏。张京元笔记云："湖心亭雄丽空阔，时晚照在山，倒射水面；新月挂东，所不满者半规，金盘玉饼，与夕阳彩翠，重轮交纲，不觉狂叫欲绝。恨亭中四字匾隔句对，填楣盈栋，安得借咸阳一炬，了此业障！"今则层楼已圮，并康熙所书"波涌湖光远；山催水色深"一联，亦已不见，盖沧桑迭乘，已历尽几朝兴亡矣。

由湖心亭放舟，直抵三潭印月，所谓小瀛洲是也。谒先贤祠，祠明季遗臣，又入退省庵，为彭刚直颐老之所，由此行九曲桥上抵卍亭，直至潭后，有三石塔鼎峙湖上，所谓三潭印月即此。据云：宋苏轼守杭立塔于湖，著令，塔内不许侵为菱荡。塔如瓶，浮漾水中，所谓"三塔亭亭引碧流"是也。明成化后毁，万历间浚取葑泥，绕潭作埂，为放生池，池外湖心仍置三塔，月光映潭，分塔为三，故名。盖夜凉人静，孤艇沿洄，濯魄醒心，一洗尘俗，亦一胜也。由此绕埂行，重至九曲桥畔，埂边有老柳横卧湖上，如虬龙夭矫，因摄取留影，柳外湖光荡漾，塔影隐现，不啻一幅极妙图画。

于是放舟入望山桥，饮于杏花邨；游李庄，二十年前儿时曾至此，鹤鼎香炉，隐约忆起旧游印象。由红籁山房（即李庄）过花港观鱼，出映波桥，至净慈寺，寺在南屏山慧日峰麓，系吴越王钱弘俶建，屡毁屡筑，有额曰"南屏正宗"，为湖南大刹。有所谓神运井者，相传昔建寺时，苦无木材，僧济颠祷佛，一日，有木自井中出，层出不穷，寺赖以成，是亦齐东野语之类耳。世所谓"南屏晚钟"，即指此景，盖夜气方清，天籁俱寂，钟声乍起，万壑响应，至足发人清省也。

由此登雷峰，谒雷峰塔故址，余幼时尝见之，只觉古色斑剥，藤萝缠绕，年老岁深，摇摇欲坠，今日再来，已不见塔影，但睹荒草离离，苍凉满目，圮址围以短垣，俨如丘坟，芜木丛杂，嵩与人齐，雷峰倒来不过数年，已成如此光景，近人诗云："残阳不挂雷峰塔，回首南屏一惘然"，良足发人慨叹。

由雷峰塔下游汪庄，再乘舟横过湖上，水面风来颇紧，波光粼粼，日影摇曳，久之始入跨虹桥，谒岳庙，庙前一坊，颜曰"碧血丹心"，气象森严，令人于百世下犹肃然起敬；再西谒衣冠冢，巍然崇峙，坟前翁仲森列，古木蓊翳，时斜阳将下，暮景苍茫，追仰往烈，不禁百感交集，因诗以吊之，词曰："大将星沉五丈原，山河变色斗牛昏。苍凉南渡孤臣恨，凄恻东巡帝子魂。百战功勋终割地，千年心事尚衔冤。伤怀国步艰难日，风雨飘潇满泪痕。"

从岳鄂王墓过秋瑾祠、苏小墓，步西泠桥，以至孤山之阴。西泠一名西林，一名西陵，或曰即苏小结同心处也。前人诗云"数声渔笛知何处，疑在西泠第一桥"，即指此。孤山阴有曼殊上人墓，一抔黄土，宿草离离，诵曼殊诗"词客飘零君与我，可能异域为招魂"，油然兴感。曼殊虽生逢季世，漂泊流离，多哀怨之音，然其诗苍凉秀隽，可上追李义山、杜牧之，余既爱其绝句，又好其写意画，且哀其身世，因为诗以吊之："古径苍凉土一抔，西泠桥畔意徘徊。湖山灵气钟孤屿,江海长才理碧苔。一代词人长逝去,千年仙鹤不归来。郑公老去碑犹在,指点荒烟锁石台。"

八、虎跑泉

余游湖之第四日,风雨蒙蒙,一湖烟景,极饶意趣。晨发自涌金门,走马南山一带,过南屏山,经苏堤,路回峰合,行于玉皇山与樵歌岭,四望青障壁立,云树郁葱;遂入虎跑寺,泉流清澈,活水潺湲,寺依岩结屋,傍青崖,临溪涧,形胜极佳。虎跑之泉,与龙井玉泉齐名,清冽而冷,茗饮之至品。相传昔有二虎,跑地作穴,泉遂涌出,故名。由此骑行至驿道。本拟至烟霞洞,迷路南行,直至钱塘江上,六和塔在望,因知误途,遂折回,然一江烟雨,妙景宜人,亦不虚此一行。

九、烟霞洞

烟霞洞在石屋岭之南烟霞岭,登临而望,半山半水,半江半湖,极幽远之致,旧与石屋齐名,称南山二洞府,今惟烟霞著称。洞幽邃深窅,燃烛而入,愈行愈仄,可数十武而穷。更上曰吸江亭,风雨正大,远望钱塘江上,苍茫一派,墨云瀿翳,远山尽在烟霭之中,不可复辨矣。

十、龙　井

　　从烟霞洞越风篁岭，行于万山之中，石径磳磴，雨后苔滑，骑行颇艰。山行高下盘旋，景物逐步变易，远望高崖巉巉，峻不可攀，盖鹰嘴岩及棋盘山之南支是也。前行至龙井寺，是处景物明秀，泉流清洌，宋秦观《游龙井记》尝极称道之，摘录如下："龙井旧名龙泓，距钱塘十里。吴赤乌中方士葛洪，尝炼丹于此，事见图记。其地当西湖之西，浙江之北，风篁岭之上，实深山乱石之中泉也。每岁旱祷雨辄应，故相传以为有龙居之。然泉者，山之精气所发也。西湖深靓空阔，纳光景而涵烟霏，菱芡荷花之所附丽，龟鱼鸟虫之所依凭，漫衍而不迫，纡余以成文，阴晴之中，各有奇态，而不可以言尽也。故岸湖之山，多为所诱，而不克以为泉。浙江介于吴越之间，一昼夜涛头自海而上者再，疾击而远驰，兕虎骇而风雨怒，遇者摧，当者坏，乘高而纵之，使人毛发尽立，心掉而不禁。故岸江之山多为所胁，而不暇以为泉。惟此地蟠幽而踞阻，内无靡曼之诱，散越其精；外无豪悍之胁，以亏疏其气；故岭之左右，大率多泉，龙井其尤者也。……是岁（元丰二年）余自淮南如越省亲，过钱塘，访法师于山中；法师策杖送余，以风篁岭之上，指龙井曰：'此泉之德至矣，美如西湖，不能淫之使迁；壮如浙江，不能威之使屈；受天地之中，资阴阳之和，以养其源，推其余绪，以泽于万物，虽古有道之士，又保以加于此！'"

　　按，龙井泉处万山之中，东为南高峰烟霞岭，北为风篁岭棋盘山，西为鹰岩狮子峰，南为万木葱茏之理安山，而以九溪十八涧，南注于江。其间水流冷冽，清可鉴人。岩壑深奥，林樾亏蔽，幽花野草，清香沁鼻，尤多茶叶，为远近所珍。

十一、九溪十八涧

由龙井策马而前，水声潺潺，来自乱石之中，因缘涧而行，山回路转，青障环立，凡十数曲折，所谓九溪十八涧是也。九溪为百丈九坞等九水，其涧流无数，约倍之为十八涧云。抵理安山麓，万树参天，浓阴夹道，沿溪尤多茶叶，雨后水涨，泠泠之声盈耳，每遇山穷水尽，则有乱石错立涧中，以渡行人，饮马其间，清澈可鉴。四顾山色空蒙，青葱满目，愈远山色愈杳，没入寒烟丛中，苍翠幽窅，非复人间世矣。

十二、六和塔

出九溪十八涧，避雨小亭之下；骤马江干，抵六和塔，以暮色苍茫中，登最高顶。塔凡七级，高五十余丈，登高而望，北则层峦叠障，杳杳无际，西则江流宛转，作三折而东入于海，南则隔江峰峦，秀色可挹，东则烟波浩瀚，茫无际涯。盖之江上游及浙东一带，富春会稽，别有天地，江干景物，与其谓属于西湖，毋宁为属于钱塘，盖已一易明媚娴静之风光，而为深广雄浑之气象矣。

十三、紫云洞及黄龙洞

游湖之第五日,再登葛岭,游抱璞庐、粲霞室、葛仙庙诸胜,下有赤崖,壁立千仞。上至葛仙炼丹台,盖后人臆造重修者。再上登初阳台,由山麓至此,虽多精舍,然台榭遗址,错落于荒烟蔓草间者尚多。(按,葛岭向为湖阳胜地,宋贾似道有半闲堂,其他观庵寺宇,毁于洪杨之役者大半,则此中败砖残碣,正多耐人寻味也。)

由葛岭翻山而下,越山洞,登栖霞岭,访紫云洞。洞去妙智寺可二三百步,栖霞五洞(栖霞、紫云、金鼓、蝙蝠、黄龙),以紫云为最胜。洞居僧寮右偏,因石势为楼,据楼下瞰,窈然而深,石级濡滑,盘旋而下。自底仰观,洞壁穹窿斜上,直合石楼,石壁下插,幽窅莫竟,似水似罅,不测其底止。由此而入,钟乳石龙钟下垂,气极阴森,不十步辄中岩滴。东向有石门绝黑,偻而始入。渐行渐豁,斗见天光,洞中廓若深堂,峭嵌空明,壁势自深渊拔起,斜出十余丈,壁纹丝丝像云缕,有泉涓涓南壁下,蓄黛积绿,澍然无声。岩顶杂树,附根石窍,微风徐振,掩映摇曳;洞中怪石骈列,虬龙飞腾,如叠阵,如连骑,如窈窕少女,如龙钟老人,如怒马奔驰,如蛟螭夜舞,俯仰百状,转瞬万态。虽烟霞洞之深邃,水乐洞之窈窅,不足以及其万一。

由此过蝙蝠洞,闻产白蝙蝠,夏间常鼓翼掠人;又过白沙泉,抵黄龙洞,系一道院,祠老君,左供葛洪,右奉吕祖,洞不及紫云窅曲,而山石点缀绝佳;泉前有池,十步一阁,五步一亭,加以玉兰盛开，桃李吐艳，景色至佳。

十四、玉泉观鱼

由黄龙洞循驿道，过三官庙，行阡陌间，可五六里抵清涟寺有玉泉，发源西山，伏流数十里，至此始见。泉清而冽，方广三丈许，澄明见底，中畜五色鱼，巨鲫长约三四尺，僧言已百余年矣。池三面长廊，中为水榭，檐下有董香光所书鱼乐园三字，盖渊深鱼跃，其乐陶然，古人品题，良有以也。

十五、三天竺

杭之名刹，三天竺称首；然自宋元以来，中天竺下天竺，零落于荒烟蔓草间者久矣。明杨守陈《游天竺山记》云："……与山僧同至下天竺，见泉无跳珠者；访流机翻经诸亭台，但芜址耳。中天竺荒寂类之。于是尽所谓九里松者，始到上天竺，诣白衣观音殿，启椟阅众宝，光奕奕射人，僧为口数手指以示客。小朵轩面石壁崚峭，松萝垂荫；天香山对乳窦白云诸峰，若屏障前拱，空翠欲滴。寺之胜止此。然诸刹依城者，杂于绮丽喧嚣，虽滨湖者亦不能无；惟此则幽邃静洁之极，宜其为称首也。……"

明张京元《西湖小记》亦云："天竺两山相夹，回合若迷；山石俱骨立，石间更饶松篁。过下竺，诸僧鸣钟肃客，寺荒落不堪入。

中竺如之。至上竺，山峦环抱，风气甚古，望之亦幽寂。"

按，天竺寺处幽僻，居深山之中，凤篁岭棋盘山绕其东南，天竺山灵鹫峰环其北，天门山高耸入云障其西；而白云峰、双桧峰、乳窦峰、日月岩，则磅礴其间。以故连障叠壁，峦岫重杂，游天竺者，类皆由湖滨垂舆而上，过灵隐寺，至上天竺而穷，鲜有能越棋盘山，逾凤篁岭，探幽寻胜，以一睹山水真灵者。余既游灵隐，遂由玉泉直上三天竺，下天竺有寺曰法镜，中天竺有寺曰法静，皆依山而筑，涧水松风，泠泠相应，二寺香火颇盛，沿途亦多香烛店，山中居民，聚成村落，风气闭塞，犹有中古遗风。至上天竺，山峦环抱，四顾苍翠，寺依白云峰，殿宇宏丽，为三天竺最，朝三竺者，以此为极境。由上竺曲折而入，经上白云房，行于幽篁丛中，涧水潺湲，与松篁相应，渐行渐高，山居仅有一二家，尽已入深山中矣。于是拾石磴而上，登棋盘山，石径极陡，仰望巉崖凿凿，绝顶处有岩穴二三，谚云：深山大泽，必生龙蛇，盖远古虎豹之窟穴也。满山野卉盛开，有紫荆，有蔷薇，有野茉莉，万紫千红，掩映斜阳影里，与湖光山黛，遥相辉映。棋盘山多药草，盖山人采药之处，唐人诗云："松下问童子，言师采药去。只在此山中，云深不知处。"寥寥二十字，已将此中深窅写尽矣。

越棋盘山，缘道而下，复登凤篁岭，岭多竹，林壑深窅，山风倏起，万竿怒鸣。岭上有精舍，面湖处有石凳，远望湖光荡漾，城中千家万户，隐现晴霭之中；回首南望，则玉皇山南高峰错落天际，之江一抹，东注于海，半江半湖，风光胜绝。流连久之，因下岭重至龙井，拟登南高峰，以一揽江天之胜。

十六、南高峰

由风篁岭而下，渡饮马桥，沿途林木丛杂，茶场尤多。啜茗龙井寺，出寺向南高峰，石磴数千级，扶摇直上。抵半山村落，昨由烟霞洞走马过此，询登南高峰之路，则指以小径，行于荒冢间，白杨衰草，萧萧日暮，另有意境。曲屈于林壑间久之，始抵石径，颇陡削，行栈道，左傍危崖，右临深壑，过留馀山居，深藏巨崖之下，亦称白天窝楼，楼西有流观台，台下洞壑窈窕，得平地数弓，为堂三楹，今者门户深扃，阒无一人。过留馀山居，流连久之，回首而望，则崖石悬空，棕榈掩映，尝读乐天诗，有"卢橘子低山雨重，棕榈叶战水风凉"，疑其不侔；今则南高峰上，山石嶙峋之巅，尚滋生棕榈，其为天生，非人植可知。由此过岩穴三四，有卧狮洞者，阴幽不可穷，闻南高峰上尚有天池洞、千人洞、无门洞者，类皆深邃，幽窅莫测，以天晚路遥，不及遍访。因直登最上庵，吊塔基，闻峰顶旧有塔七级，后遭雷电毁，仅存遗址，更有巨石曰先照坛，盖日月始升，必先见之。登绝顶而望，江流若带，平湖如镜，时乌云盖天而至，山雨欲来，风云变色，远望半江半湖，尽在苍暝之中，须臾雨滴骤至，避雨小憩，黄昏始下山，疾趋四眼井，已误车行时刻，不得已，踯躅归去，夜黑似漆，而去城尚遥，因走苏堤，横断湖上，饮于西泠桥畔酒馆。归葛岭，已万籁俱寂矣。

十七、别西湖

　　四月四日晨，整顿行装，拟别西湖归金陵。推窗而望，孤山含翠，长堤若带，湖上晨光乍启，宿雾初收，依依不忍遽别。此行以迫于课务，未能畅游，湖山真景，不过领略一二；闻五云山中尚有云栖寺者，居万山深处，松竹幽蔽，不见天日，游人评为湖山第一奥区，惜山重水复，不克往游，只可与山灵结再来缘矣。

二十二年四月二十日写于白下

(《汗漫集》，朱偰著，上海正中书局一九三七年四月初版，原题《西泠游记》)

象　恭：
和朋友偶然谈起一游这美丽的都市，欣赏新秋的西湖风光，来调剂生活的单调

讲述人为当时上海游客，具体事迹不详。

一、楔　子

别了杭州，整整八年了。

长久生活在喧嚣的都市，委实觉得有些烦腻。和朋友偶然谈起一游这美丽的都市，欣赏新秋的西湖风光，来调剂生活的单调。在我们随便的言谈中，成了事实。

二、途　中

七日的早晨，细雨蒙蒙，天空呈现了灰白色，据善观天变老于世故的隔壁老太太谈起，像这种天气每年夏秋之间转入新凉时应有的一番点缀，并且一时不容易随便放晴的；但是游兴勃勃的我们，决不是这几点小雨能阻止的，终于七点五十五分的沪杭早车把我们带走了。

　　车站上为了购二等三等票子迟疑了一晌，穷小子得钱非易，总算把虚荣心克服了走上三等车厢，然比起坐四等车的同胞，那么，我们不还是加倍地浪费？内心也就特别满意似的。好在雨天旅客不多，一个人可以占平常三四个人的位置，倒也十分舒适。

　　从窗口处远眺雨中野景，好像喝惯白开水的来饮一杯浓咖啡，别有风味。今年是大旱年，江浙两省受了影响不小，所以我特别留意田间秧苗，如果不加细察，那么除了沟壑之间大半露底泥土变成龟纹外，田中二次栽秧的稻，都已长到一尺高低，碧波成浪，绿苗如茵，表面看上去，决不会相信今岁是六十年来未有的大旱年，虽则还有一二处少数地方仍留剩着第一次栽种的稻，已给炎炎的烈日逼成枯黄的柴草倒在田里，我们从这一点预测到农民已受到过一次损失，现在田中绿油油的稻秧，是他们第二次的期望——亦是最后一次的希望。

　　三四个人同行，旅途中就不觉得寂寞，看看小报，五个钟点，像逝水般的过去了，在大雨滂沱中，我们也就到了目的地。

三、雨中游虎跑

　　杭州的市政，真是面目一新，尤其路政的建设，突飞猛进，沥青马路添筑了好多条，一九三四年式的汽车不时在马路上可以发见，如果我们的头脑不预先存着一个杭州的概念，似乎同上海没有十分差别。杭州文明的进步，比上海还来得迅速，因为上海城里依然到处有湫隘不平的街道存在。

我们在湖滨租定了一个旅馆，略略洗刷了五个钟点旅途的劳顿；远眺雨中湖山，似乎特别来得可爱，西湖还和八年前一样地恬静地躺着，不过受了这六十年所未有的大旱影响，西湖有好多处地方涸澈了，已变成沙漠的模样，湖中游艇影子少得可怜，靠游船吃饭的舟子，受到的打击特别来得严重。

我虽然到杭州过，因为时间短促，并不熟识，兼之八年来城墙的拆除，道路的放宽，房屋的翻造，把杭州另换了一副面目，好在有熟人的指导，所以有恃无恐。下午每人费了一角二分的公共汽车资，由清波门出发，赴虎跑品茗。杭州因天旱的关系，吃水缺乏，比较有钱的人家，到虎跑取水，在路中随时可以看见专门来运水的汽车，山中则络绎不绝的挑水夫，所以水的代价，每担一元；一担水售价一元，当然是费了很高的代价，但是我们看到挑夫从两三里远的山上肩了一担水爬上爬下，确是费了不少的汗血，得之维艰，那么一元一担，并不算是敲竹杠的投机生意。

冒雨走进定慧寺的山门，再跑了一里多的石级，到了虎跑。喝一杯虎跑水真不容易。据说喝虎跑水的利益有许多，因为水的成分含有铁质，所以能补血补肺，总之是有益而无害；吾因得之非易，牛饮了四五杯，茶叶泡到缺乏了色素，吾还觉得余味津津，不忍舍此。虎跑泉共有三个，一个已经用水泥筑成了大方池，还有两个方口井。近来每天要给人家挑去几千担，但池中毫不觉得，永远是满着的，如果不挑去，它也不会溢起来，泉水的来源，似乎有点神秘。

虎跑没有什么特别价值，不过占历史的地位，以至吸引了一般游客。这些地方，别的没有什么可爱，不过山林间空气的清新，四周环境的恬静，隐身读书，怡情养性，最为相宜；这是生活在都市的男女，最所渴望的一点。

临行时，谢公慷慨付一番饼的茶资，以示大人先生体恤小厮之意。我觉得费了很高的代价和气力喝到几杯茶，所以留在肚子里的一些水，愈觉其味道之妙不可酱油。

四、新生活运动

晚上回到寓所，虽然一天舟车的劳顿，理应休息，不过给了新环境的引诱，不能成寐，于是转念夜游街市，据说杭州自推行新生活运动以来，政府执行甚严，新生活标语到处可以看见，兹摘录数语，以资宣传："纽扣要扣好，走路靠左边。走路时不准吸烟。不准随地吐痰。不许打架……"

入"省"问禁，所以吾连忙把领下一颗不常扣的纽子扣好，惟平日在上海自由惯，只记牢了纽子扣好，却忘了靠左边走，一支美丽烟还老是含在我的嘴唇边，走遍了许多马路，总算没有碰到童子军和警察来干涉，或则他们知道我们上海远道来的旅客，特别通融，如果真的不出我所意料，那么，记者敬附此志谢。

五、东南日报

八日晨醒来，时间还只有六点多，精神虽然感得十分疲惫，但给窗外湖光山色的引诱，不由我自主地跳下床来，盥洗后，阅当日的杭州报。本地较大的报纸，计有《东南日报》《浙江新闻》《之江日报》多种，而内以《东南日报》规模最大，设备比较完善，销路亦多。该报每日出版四大张，国际新闻与国内新闻篇幅扩充至两面，已脱离纯粹地方色彩而变做一般普遍性的报纸。该报是前《杭州民国日报》的化身，所以在第一张报头下面也就刊着"原名《杭州民国日报》，此名永远保留，他报不得袭用"字样。副刊每日出版的计有《沙发》及《吴越春秋》，惟内容贫乏，不足一睹；星期六并附铜版画报一张，大小印刷完全与上海《时报》画报相同，照我那天看见的一张，只有一面画报，另一面尽是广告，殊为减色；而材料除无关痛痒的风景外，亦多含有低级趣味的女人照片。此外附刊尚有《民众卫生》《今代儿童》《读书之声》《教育园地》《科学世界》《银幕风光》《现代经济》等多种，内容如何，未暇一一细阅。以一地方报纸，而有如此努力成绩，亦殊不可多得。闻该报在《民国日报》时代，范围较小，惟政府每月有五六千元之津贴，数年来颇有积余，致有扩充今天的《东南日报》的实现，但改组后因范围扩大，费用亦骤增，除津贴与广告收入外，每月尚须亏本若干，情形反十分狼狈，有尾大不掉之局面。

六、上灵隐

　　早饭后，预备今天向北山路一带出发，因领导我们的杨先生因他事想溜走，为着预先防备起见，买了一张地图和一本指导，清早花了一些功夫在图书上面。这本指南特别道地，替游客的行程分配了七天，的确西湖的风景区是特别大，但是我们打算两天内完事的，所以不能照着它的规定做了。灵隐寺因为今年班禅大师在那边做过道场，特别地注意，决计乘黄包车先游灵隐。

　　到灵隐的行人道都是沥青马路，虽则还没有筑得十分好；并有公共汽车可以直达，所以黄包车即贬价而仍不得出售，我们到灵隐的黄包车资，只有小洋三角，和乘公共汽车的价格仅相差二分，车夫生活的不景气，已十分地露形露骨。

　　到目的地后即有山轿来兜揽我们生意，驱之不散，盯在后面呶呶不休，但我们决计步行的，结果他们是失望。我等由山路向前，老树参天，绿荫蓊郁，路旁小贩置桌椅，设临时品茗饮冰处，见来客，邀请再三，拖拉亦所不惜，此种滑稽局（面），与上海浙江路夜间野雉拉客正相同，实属可怜。我们先至灵隐寺大雄宝殿，即昔日班禅做道场旧地，殿三层，而实际上可以同上海十层左右洋房的高度相仿，内屋柱梁均长在七八丈以外，直径可两抱，此种高大木柱，实所罕见；闻该殿系清末盛宣怀氏重建，所用巨木，均购自美洲，想必耗了一笔偌大的私财，中国人用在建筑庙宇上的金钱，似乎特别来得慷慨。

该正殿供有金身如来佛三位，以名重青油之济公活佛，置塑像于左边，彼此相较，值大巫与小巫之间；闻济公系宋朝年间本寺之和尚，则自家弟子，当然不能占到如来之上，亦理所必然也。寺左有罗汉堂，计有罗汉五百尊，高均六七尺，奇形怪状，蔚为大观；中国固有的雕塑艺术，如果游过灵隐罗汉堂的，会觉得中国艺术的伟大。

七、登韬光

从灵隐边门拾级登韬光，修竹夹道，茂林障天；鸟语花香，如入"桃园"，一个幽静的山林中，得此清脆之音，悦目之色，胸中俗气尽消，几忘身世外；我在无意中讥咒着都市生活的畸形。韬光寺同普通庙宇一般，没有什么可观处，惟山间气候爽朗，炎夏风凉如秋；如能得二三知友，负笈到此地读书，定能收事半功倍之效。

我们在寺后吕纯阳炼丹台小憩，一个方方的亭子，匾额几悬遍；因为不停地爬山，气喘汗流，坐定后，凉风习习，心身为之大快；细阅所镌各联，都是渴漾着这位吕仙人想做神仙的梦想，只有甬江张寿镛的一联，比较畅豁一点："尘世幻风云，此地登临，觉海阔天空，别开眼界。洞崖深岁月，故踪寻访，借灵泉法水，一涤胸襟。"

休息了半个钟头，看了一回地图，再登北高峰；步石级数百，至观海一凉亭，再小憩，喝茶一壶。问老者，知此地到北高峰尚有三四里，韬光至此，仅及一半。于是鼓足勇气继续涉五百五十六石级，始达目的地，至此已不觉置身九百二十丈之高颠矣！所谓北高峰，除庙舍外，别无长物，余不觉懊丧。闻香汛时，善男信女，不惜长途跋涉之苦，来此烧香。客至，山犬狂吠，余等在庙后阴处休息，凉风自西南来，气候忽觉松爽，与适间所经过之山腰，闷热困人，彼此温度，几相差二十以上。盖山顶空旷，微风自四面来，故不觉其热耳。

八、访紫云洞

　　从北高峰下山，一气走石级千余，如顺水推舟，丝毫不觉吃力，下瞰适上山所经过之石级，曲折盘桓，如同羊肠小道，大半涸澈之西湖，尽入眼底，古人谓"登泰山而小天下"，不我欺也。

　　至灵隐山麓旁小饭馆果腹，饭菜售价极高，昨日在杭州城内菜馆吃中饭，虾仁每盆大洋三角二分，后至王饭儿，增至四角八，此地每碟竟索价大洋六角四分，两菜一汤的便饭，用去两元左右，敲了一个小竹杠，诚上海人所谓"洋盘"。

　　饭后乘公共汽车至岳王庙，在里面兜了一个圈子，岳庙修理得很整齐，但无留连游客之兴味；所以我们匆匆由西边侧门走去，访紫云洞。洞在栖霞岭，步二三里始达目的地。从山门内进，即觉得阴暗潮湿，烈日至此已无用武之地，从洞下石级十余，有堂供石像，座镌"紫云洞天"。洞旁尚有一黑穴，自外向内望去，黝黑莫测究竟，余略露有恐怖的心理，如果不在白天，而又一人来游，我决计不敢进去。因为有同伴，所以胆子亦壮。沿壁入，低处屈身而进，行数十步，又豁然，当天有孔，日光下射，石色露凝紫，削壁半倚，状极危殆。我在想着，如果石与石之间的凝结力不甚坚固，从上面倒下来，那么，我们都要葬身山腹，数千年后，如有人来发开此山，掘到两个僵石的人体，可以窥见数千年前的现在的人类衣冠文物，岂不是供给考据家一个极好的材料么？但我们到底还不至这样地不幸地遭难，这不过是一个幻想。此石穴据我观察，并非天然，盖削壁上的凿痕，不难细细辨认。

九、游黄龙洞

走出紫云洞，得寺僧的指导，知道该洞对面还有一个牛皋的坟墓，牛皋的名字很熟悉，但是他的长眠地到今天才知道在杭州的栖霞岭；所以读书而不游历，等于做梦一样。昔画人称："读万卷书，走万里路，则胸中自有奇气。"确是经验之谈。

从紫云洞蜿蜒下山，行一里许，达黄龙洞，山门上的横匾，镌有"黄龙古洞"四字，金碧辉煌，增光不少。由小贩前导游览，不料此闻名遐迩之黄龙洞，仅与普通假山所垒之石洞相仿佛，此行殊为懊丧；天下事物之宣传，往往有名过其实者，观黄龙洞，即为明证。

十、孤山一带

　　计算半日间游览胜地,已属不少,山路也走了许多,但游兴勃勃,似未餍所愿,休息后,由黄包车至孤山,走西湖博览桥,此为数年前举行之西湖博览会所特造留下的遗迹,可以想见当年该会之盛况。我们从中山公园走到历史博物馆,该馆占地甚大,以时间过促,仅参观矿石部及动物标本部,珍禽异兽,搜集颇多,身入其中,目不暇接,惜未能有充分时间饱览,故所得印象不深。出博览馆门,舟子来兜揽商意者,蜂拥而来;环西湖一周,索价最廉者,仅小洋五角,比黄包车尤廉,遂乘兴一游此"沙漠"之西湖。

　　西湖广三十里,而可供游艇航行之水路,仅有一条,且时时有搁浅之危险。旱在西湖,更是明显。舟子言杭州人谚:"雷峰塔倒,西湖水涸。"雷峰塔在去年废堕,而西湖今年固涸澈,成语竟变做"成语"了。闲来无事与舟子问答,谓何不将沙泥挖去,打开一条深广的航线?但照他们经验上所得到的结果,挖深后,过了一二天,别处的泥沙又推了来,还是回复了原有的模样,所以是白费心血,没有人再转这念头了。我们在三潭印月兜了一个圈儿,即返湖滨。时已薄暮,凉风习习,身子安闲地躺在舟中,一天的疲惫,都好像回复了原状。薄暮湖面上的风光,特别来得可爱,远眺杭城,灯光点点,汽车鸣鸣之声,从远处传来,这种光影,好譬轮船进了黄浦江,看到上海租界区内发出的灯火光极似。这美丽的杭州,加上了繁华的推进,西湖也摩登化了。

十一、玉泉观鱼

　　九日准备下午返沪,因为尚有半天光阴的勾留,想再游一些地方;但以昨天走路过多,今天游兴略减,并被时间的限止,结果决定到玉泉观五色鱼;租定了两辆车子。去玉泉与灵隐为同路,昨天不曾顺便一走,今日特地再来,似乎多了一点浪费。来玉泉观鱼的游客较众,因今日星期,又多了一批游览的学生。玉泉池是已筑成一个五六丈的长方池,水清澈见底,池中有红黄黑三种颜色的鱼,尤以黑色的占了大部分,鱼大者长四五尺,普通的均在两尺左右,不下数百条;往来水中,悠游自得,人投以饵饼,则争食之,不畏人,浮沉极为自由,群鱼中常有一二从水中跃出,人谓此即"鲤鱼跳龙门",余今日又多了一种实地的经验。据我观察,池小鱼多,大者似颇觉周转不灵。据寺僧谈池鱼年年加多,盖善士买鱼到此放生的数量,远超过了每年死去的条数,再数年后,不将有鱼满之患。余喜谓何不择肥而烹之?寺僧笑对曰:既要烹食,则又何必放生?且称此种鱼鳞,肉老不鲜,似只可供作观赏之用。记者生平爱水爱鱼,故逗留池旁,久观而不觉其厌。近人以观美人鱼游泳,认为眼福不浅,吾觉玉泉观鱼泳,则真是回味无穷了。

十二、归　途

　　归途中,走白堤,建设厅正雇了许多泥工将白堤加阔,挑泥打桩,工作进行极缓,众预料这加阔的白堤,在一年后可以告成。我觉得建设厅真拙笨,何竟想不到用机器来挑掘建筑;诚如章公所说:"一定是想等于水涨之后,可以事倍功半而多用一些钱……"中国的事就么糟,一给官厅机关做去,多用了三四倍钱还觉得不讨好,所以要中国的大量建设,那又谈何容易。

到了火车站,因时间尚早,等候了半个多钟点才出发,上车后,又急急想到上海。

别了杭州,想起过去两天的游程,如入梦境。

(原载《人言》周刊一九三四年第一卷第三十三、三十四期,原题《杭州之行》)

黄炎培：

这时四照阁里散坐吃茶，不假思索、随随便便地闲谈，要使文人或画家描写起来，倒是一场很风雅的"湖楼话雨"

黄炎培（1878—1965），江苏川沙县人，现代教育家、民主人士，著有《黄炎培考察教育日记》《新大陆之教育》等。

　　杭州到了。在一大堆迎接人们中间，夹着吾的儿子敬武，刚才吾妻送我，看见妻的时候，子在哪里？看见了子，妻又在哪里？忽然想起老杜诗句："却看妻，子愁何在？"吾得了这句的新读法了。

　　雨越发大了。天冷得不堪。时间已过午后三点钟了。还有一两个钟头，怎样使过去呢？总得消遣一下才好。林语堂、潘光旦等都在那里嚷。吾说：吾们到西泠印社去。

　　一到了西泠印社，登四照阁，把三面窗子打开了一望，湖里的水，和环湖的山峰，抹成一种颜色，就是灰色。山脚下还有几十株桃，花开得不少了。在那灰色的云雾里，哭不出、笑不出地挣扎着。

　　话匣打开了。在座光旦、语堂，还有全增嘏。你发一句，我接一句，敬武在旁边听。说些什么问题呢？说：吾们中国的先圣昔贤，历来是提倡中和的。提倡中和，就是反对极端。这点影响于民族性很不小。自古以来，产生不出很大的大英雄，就是很大的大奸恶也没有。像那西洋的亚历山大、恺撒、拿破仑、林肯，连那东方的成吉思汗等等，且不论他们好和坏，吾们汉族中哪一个及得上？就因为一种主张，才倾向这边，便有人拉到那边去；才倾向那边，又便有人拉到这边来。永远不会到极端，就永远不会有极端好和极端坏，就永远不会有极端厉害的人。

这时四照阁里散坐吃茶，不假思索、随随便便地闲谈，要使文人或画家描写起来，倒是一场很风雅的"湖楼话雨"。

依吾想来，虽似近乎嚼蛆，其中却有些道理。吾们汉族的崇拜中和，倒是很古的。一部《虞书》，至少总可以说是代表三千年以前思想的了。皋陶和禹讲到用人的难处，提出九德做标准，就是"宽而栗，柔而立，愿而恭，乱而敬，扰而毅，直而温，简而廉，刚而塞，强而义"，意思是既要宽大，又要精密；既要和平，又要强硬；既要……又要……料不到那时候就有这般复杂的心理。吾们汉族思想成熟得这般早呀；孔老先生称赞舜的政治手腕"执其两端，用其中于民"，这不都是三千年以前很早提倡中和的证据么？

还有一个有力的证据，孟子说："杨子取为我，拔一毛而利天下，不为也。墨子兼爱，摩顶放踵利天下，为之。子莫执中。"杨墨二人，各走极端，不必说了。子莫执中，总算好了么？孟子还以为不对，他说："执中为近之，执中无权，犹执一也。"孟子的意思，执定了中心不动，还是不行。须得或左或右或中，随时移动才行。孟子的反对极端论，真正尖锐化。

魏晋以后，释道两家竞争很烈。斗法的把戏，不一而足。但不久就有顾欢出来,著一篇《夷夏论》,明僧绍著一篇《二教论》,孟景翼著一篇《正一论》,张融著一篇《门律》,他们都说,两教各有各的妙用。张融更妙哩,临死的时候,左手拿着一本《孝经》和一本《老子》,右手拿着一本小品《法华经》,表示他一生努力于三教调和工作。在两种学说对抗的时候,立刻产生出调和论来,因此永不会有极端精深的贡献。这也是一例罢。

天公真无赖,归途忽然下起雪来。那一夜,浙江建设厅假西湖边上中行别业招餐,建厅秘书汪英宾代表建厅说明浙江、江苏、江西、安徽、福建合组一个东南五省交通周览会,不久要成立。先请诸位分组去游览游览赐吾们一点作品。又说了许多欢迎的话。大众推我致答词。吾就把奉宪游山,怕不会有好作品贡献,并且天气来得坏,照这样子,怕写生摄影,任何英雄都没有用武之地,应先切实声明,免致失望等话说了一下。接下来,众推林语堂,他立刻拿出幽默家的风度,说:浙江建设厅招待吾们好,吾们说些好话;要使招待得不好,吾们骂他一顿。惹得哄堂大笑。大家又推郁达夫讲,到底没有肯。

(《之东》,黄炎培著,生活书店一九三四年十一月初版,原题《杭州》)

严　梦：
我多少受过曼殊先生的几分暗示，浪漫所得，几首歪诗，两行热泪而已！

> 讲述人为当时的学生，具体事迹不详。

　　一天的疲惫，等到太阳再出来散布热力之时，便又恢复了。太阳原是为了苏息一切生物的疲惫而沉下去的。彩云镶着它，拥高了它，同黄金嵌着的钻石一般；铄亮的光芒，反失去了朴素的和谐。池边的蛙也停止了钝滞的叫喊了。

　　从家里转到几封信，都是知交的肺腑之言，规我努力向上。最足引为奇宝的，是我和琳弟和C合摄的将来的遗像，大家的影像都很清秀。我们好像是三角的恋爱者，而谁也不能猜出这个哑谜。他们认我的导师，要我指导他们去和黑暗势力奋斗；如果他们的好梦竟得成功了，那我的风头之健，就简直是慈悲的救世主再生了。但万一遭灰色家庭的反对而失败，则我又怎能再老着脸去见他们？然而我可不能不大言不惭地慰藉他们，鞭策他们；至于结果如何，这只有上帝能知道了。

回想起我们游湖的几夜,一棹青春,中流容与,这般幸福,恐怕不能再有了吧!

看画报消遣须臾。洗澡后,欣赏小假山,觉景物甚可爱。登亭望旗下营,家家炊烟四起,但也有因为瓶无储米而全无火气的。晚间谈了些关于智识问题的闲话,生活总算优游舒服。惜乎我不能奏乐,否则一曲清歌,消磨良夜,岂不是人间快心事么?

读了曼殊的诗,便联想起在曼殊墓前议论风生的一幕来:"英雄的诗人!"

"美丽的天使!"

"理想的完人!"

"……"

我常常独自划着划子,到孤山去。不消说我是访才人。到了曼殊的墓,必为之留连不能去;不论是晚风斜日,不论是月夜风晨,我必凭吊他一会。他的墓碑说他是广东人,四十多岁卒。近来却被有"曼殊癖"的朋友,考证出他是"拖油瓶"拖到中国来的日本种。那不是上人的不幸,而是我们的损失呀!

我爱曼殊极了,每于风清月白的良夜,坐在柳丝轻拂的断桥上,追味他慰庄湜于桥上的故事。这真是可歌可泣的韵事啊!可是"我再来时人已去",湖水涟涟、荷叶田田的里湖,就伴着他的永久的诗梦。荷花茎梗上的刺,再也不能刺这位才情人了。他是安逸地蕴着热泪睡在西子之怀。他有"殷殷勤以归计"的雪鸿女诗人,有离不开的多情的未婚妻——雪梅，有舍不得的恋人——静子，还有更足眷恋的姨娘和妈妈哩。然而他终于剃了他的头发，碎了他的心；"狂歌走马遍天涯"。想是为了厌弃罪恶的人间吧？

"夜迢迢，银台绛蜡，伴人垂泪"的恨事，使他成了个千古恨人！

他叫妓侑酒，但同时又抱着"何心描尽闲金粉"的态度。他有时默默地和调筝人相对，怅恨无言；有时却"无端狂笑无端哭"，使旁人为之失惊。

浪漫，浪漫！他于是毫不爱惜他的行动的尸体，绝无节制地吃冰和糖食，或吸雪茄。可怜我们这位诗人，就如此患下了不治的病！

我离开了曼殊的坟，悄悄地划到荷叶中采莲花；刺，给我刺着了，然而总得采！采了一朵出平湖秋月。细雨代了晚阳的残喘，丝丝点缀着黄昏。晚钟懒懒地在散着沉沉的声音。钓鱼郎把羽毛浸在碧波里，恭候着游鱼上它的长嘴。

这是去年秋天的印象。

我多少受过曼殊先生的几分暗示，浪漫所得，几首歪诗，两行热泪而已！身世之恨，依旧悠悠。

对镜自照，虽说朱颜已改，但昂然的豪气，却仍有几分像慷慨悲歌之士。精神弈弈的武装相片，更在含怒地督责我婉转呻吟于铁蹄之下，完全不思振奋抵抗的精神。臭皮囊，长为沾于泥涂之落英哉？似乎雄勃的野心，还未完全死尽。这矛盾的灵府，才是"两个灵魂"！

我们夜餐毕，同到紫阳山去徜徉了好些时，返舍握毕整理了一些旧稿，不觉成为汗淋学士。

(《美丽的夏天》，严梦著，上海新光书局一九三七年三月再版，原题《曼殊墓》)

第二编 三竺六桥,九溪十八涧

钱畊莘：
六和塔，在江干月轮山开化寺内，拔地参天，庄严而又雄伟

钱畊莘（1900—1971），浙江嵊州人，民国时期中学教师、文人。

六和塔，在江干月轮山开化寺内，拔地参天，庄严而又雄伟。开化寺亦名六和塔院，又称月轮寺。寺系宋开宝间古刹，塔为钱塘未筑以前灯塔，海舶夜归，亏它导引。

月轮山下，黄沙大道，十分平坦，自沪杭汽车通后，且时有沪上游客踪迹矣。

由山下拾级蜿蜒而上，树色相引，步履为轻，不数分钟，即是山门。进得门去，大殿在焉。清磬红鱼之声，续续自殿中飞出，令人醉心禅海！从大殿左面转弯，过一小门，便是塔院。塔居正中，四面短墙回护隙地，清幽无比。短墙上如再点缀些青萝，绿竹之下，更添数畦菜圃，种得几棵青菜、几枝葵花，方外趣味，便倍觉盎然矣。

塔凡十有三层,可循石级而上者只七级,每级均有题额,一曰"初地坚固",二曰"二谛俱融",三曰"三明净域",四曰"四天宝纲",

五曰"五云扶盖",六曰"六鳌负载",七曰"七宝庄严"。各级窗洞,俱绘佛像。相传《水浒》上之鲁智深,系在该寺圆寂,且塔上留有塑像焉,只惜迭遭兵燹,而今已无从追问,殊感怅怅耳!

登塔凭槛,眺望钱江,江水浩渺,水波时起,使人想见潮汐来时之天矫奔腾,恍如游龙之翻江倒海模样。夕阳射来,金光闪闪;清风过去,凉风习习;点点沙鸟,片片风帆,幽闲来往,上下飞翔;又教人顿起遗世之感,几欲乘风而上。

隔岸是西兴,亦即宋时所谓铁陵关也。今则沙田万顷,阡陌纵横,满栽桑树矣。远山连绵,罗列似屏障,佳木葱郁,峰峦秀丽,是一幅天然图画,浴人心灵,豁人胸襟。

塔后山上,于浅黄浓绿间,镶嵌艳红枫叶,仿佛零落锦霞,装点长天一碧。绚烂秋光,不亚三春丰韵,而醉人情趣,更不啻处女之娇羞撩人也。

(《现代游记选》上册,姜亮夫编,上海北新书局一九三四年四月初版,原题《六和塔素描》)

郁达夫：
这城隍山真对我发生了绝大的威力

  郁达夫（1896—1945），浙江富阳人，现代作家，著有小说《沉沦》《迟桂花》和散文《屐痕处处》《达夫游记》等。

  大约是年龄大了一点的缘故罢？近来简直不想行动，只爱在南窗下坐着晒晒太阳，看看旧籍，吃点容易消化的点心。

  今年春暖，不到废历的正月，梅花早已开谢，盆里的水仙花，也已经香到了十分之八了。因为自家想避静，连元旦应该去拜年的几家亲戚人家都懒得去。饭后瞌睡一醒，自然只好翻翻书架，检出几本正当一点的书来阅读。顺手一抽，却抽着了一部退补斋刻的陈龙川的文集。一册一册地翻阅下去，觉得中国的现状，同南宋当时，实在还是一样。外患的迭来，朝廷的蒙昧，百姓的无智，志士的悲哽，在这中华民国的二十四年，和孝宗的乾道、淳熙，的确也没有什么绝大的差别，从前有人吊岳飞说："怜他绝代英雄将，争不迟生付孝宗。"但是陈同甫的《中兴五论》，上孝宗皇帝的三书，毕竟又有点什么影响？

读读古书，比比现代，在我原是消磨春昼的最上法门。但是且读且想，想到了后来，自家对自家，也觉得起了反感。在这样好的春日，又当这样有为的壮年，我难道也只能同陈龙川一样，做点悲歌慷慨的空文，就算了结了么？但是一上书不报，再上，三上书也不报的时候，究竟一条独木，也支不起大厦来的。为免去精神的浪费，为避掉亲友的来扰，我还是拖着双脚，走上城隍山去看热闹去。

　　自从迁到杭州来后，这城隍山真对我发生了绝大的威力。心中不快的时候，闲散无聊的时候，大家热闹的时候，风雨晦冥的时候，我的唯一的逃避之所就是这一堆看去也并不高大的石山。去年旧历的元旦，我是上此地来过的；今年虽则年岁很荒，国事更坏，但山上的香烟热闹，绿女红男，还是同去年一样。对花溅泪，怕要惹得旁人说煞风景，不得已，我只好于背着手走下山来的途中，哼它两句旧诗："大地春风十万家，偏安原不损繁华。输降表已传关外，册帝文应出海涯。北阙三书终失策，暮年一第亦微瑕。千秋论定陈同甫，气壮词雄节较差。"

　　走到了寓所，连题目都想好了，是《乙亥元日，读陈龙川集有感时事》。

一九三五年二月四日

（《闲书》，上海良友图书印刷公司一九三六年五月初版，原题《寂寞的春朝》）

郁达夫：
杭州城里的大观，第一要推吴山

讲述人生平同前。

不管是到过或没有到过杭州的人，只须是受过几年中学教育的，你倘若问他："杭州城里有什么大自然的好景？"他总会毫不思索地回覆你一声："西湖！"其实西湖却是在从前的杭州城外的，以其在杭城之西而得名。真正在杭州城里的大观，第一要推吴山（俗名城隍山），可是现在来杭州的游客，大半总不加以注意；就是住在杭州的本地人，也一年之中去不得几次，这才是奇事。我这一回来称颂吴山，若说得僭一点，也可以说是"我的杭州城的发见"，以效 *My Discovery of London* 之颦；不过吴山在辛亥革命以前，久已经是杭州唯一的游赏之地，现在的发见，原也只是重翻旧账而已。

"吴山，春秋时为吴南界，以别于越，故曰吴山。或曰，以伍子胥故，讹伍为吴，故《郡志》亦称胥山，在镇海楼（即鼓楼）之右。盖天目为杭州诸山之宗,翔舞而东,结局于凤凰山;其支山左折,遂为吴山,派分西北,为宝月,为蛾眉,为竹园;稍南为石佛,为七宝,为金地,为瑞石,为宝莲,为清平,总曰吴山。……"

这是田叔禾《西湖游览志》卷十二记南山城内胜迹中之关于吴山的记载。二十余年前,杭州人说是出游,总以这吴山为目的;脚力不继的人,也要出吴山的脚下,上涌金门外三雅园等地方去喝茶;自辛亥革命以来,旗营全毁,城墙拆了,游人就集中在湖滨,不再有上城隍山去消磨半日光阴的事情了。

吴山的好处,第一在它的近,第二在它的并不高,元时平章答剌罕脱欢所甃的那数百级的石级,走走并不费力。可是一到顶上,掉头四顾,却可以看得见沧海的日出、钱塘江江上的帆行、西兴的烟树、城里的人家;西湖只像一面圆镜,到城隍山上去俯看下来,却不见得有趣,不见得娇美了。还有一件吴山特有的好处,是这山上的怪石的特多;你若从东面上山,一直地向南向西,沿岭脊走去,在路上有十几处可以看到这些神工鬼斧的奇岩怪石。假山叠不到这样的巧,真山也决没有这样的秀,而襟江带湖、碧天四匝、僧庐道院、画阁雕栏、茂林修竹、尘市炊烟等景物,还是不足道的余事。

还有一层,觉得现在的吴山,对于我,比从前更觉得有味的,是游人的稀少。大约上吴山去的,总以春秋二节的烧香客为限;一般的游人,尤其是老住在杭州的我所认识的许多朋友,平时决不会去的。乡下的烧香客,在香市里虽则拥挤不堪,可是因为我和他们并不相识，所以虽处在稠人广众之中，我还可以尽情地享受我的孤独。

自迁到杭州来后，这城隍山的一角，仿佛是变了我的野外的情人，凡遇到胸怀悒郁、工作倦颓，或风雨晦暝、气候不正的时候，只消上山去走它半天，喝一碗茶两杯酒，坐两三个钟头，就可以恢复元气，爽飒地回来，好像是洗了一个澡。去年元日，曾去登过，今年元日，也照例地去；此外凡遇节期，以及稍稍闲空的当儿，就是心里没有什么烦闷，也会独自一个踱上山去，痴坐它半天。

前次语堂来杭，我陪他走了半天城隍山后，他也看出了这山的好处来了，我们还谈到了集资买地，来造它一个俱乐部的事情。大约吴山卜筑，事亦非难，只教有五千元钱，以一千元买地，四千元造屋，就可以成功了；不过可惜的，是几处地点最好的地方，都已经被有钱有势、不懂山水的人侵占了去，我们若来，只能在南山之下，买几方地，筑数椽屋；处境不高，眺望也不能开畅，与山居的原意，小有不合而已。

不久之前，更有几位研究中国文学的外人来游，我也照例地陪他们游过吴山之后，他们问我说："金人所说的'立马吴山第一峰'，是什么意思？"他们以为吴山总是杭州最高的山，所以金人会有这样的诗语。我一时解答不出，就只指示了他们以一排南宋故宫的遗址。大约自凤山门以西，沿凤凰山而北的一段，一定是南宋的大内，穿过万松岭，可以直达湖滨的。他们才豁然大悟地说："原来是如此,立马吴山,就可以看得到宫城的全部,金人的用意也可算深了。"这一个对于"第一峰"三字的解释,不知究竟正确不正确。但南宋故宫的遗址,却的确可以由城隍山或紫阳山的极顶,看得一望无遗的。

一九三五年五月八日

(原载《创作》一九三五年创刊号,原题《城里的吴山》)

郁达夫：
现在的花坞，可真成了第二云栖，或第三九溪十八涧了

讲述人生平同前。

"花坞"这一个名字，大约是到过杭州，或在杭州住上几年的人，没有一个不晓得的，尤其是游西溪的人，平常总要一到花坞。二三十年前，汽车不通，公路未筑，要去游一次，真不容易，所以明明知道这花坞的幽深清绝，但脚力不健，非好游如好色的诗人，不大会去。现在可不同了，从湖滨向北向西地坐汽车去，不消半个钟头，就能到花坞口外。而花坞的住民，每到了春秋佳日的放假日期，也会成群结队，在花坞口的那座凉亭里鹄候，预备来做一个临时导游的脚色，好轻轻快快地赚取游客的两毛小洋。现在的花坞，可真成了第二云栖，或第三九溪十八涧了。

花坞的好处，是在它的三面环山、一谷直下的地理位置，石人坞不及它的深，龙归坞没有它的秀，而竹木萧疏，清溪蜿绕，庵堂错落，尼媪翩翩，更是花坞独有的迷人风韵。将人来比花坞，就像

浔阳商妇,老抱琵琶;将花来比花坞,更像碧桃开谢,未死春心;将菜来比花坞,只好说冬菇烧豆腐,汤清而味隽了。

我的第一次去花坞,是在松木场放马山背后养病的时候,记得是一天日和风定的清秋的下午,坐了黄包车,过古荡,过东岳,看了伴凤居,访过风木庵(是钱唐丁氏的别业),感到了口渴,就问车夫,这附近可有清静的乞茶之处?他就把我拉到了花坞的中间。

伴凤居虽则结构堂皇,可是里面却也坍败得可以。至于杨家牌楼附近的风木庵哩,丁氏的手迹尚新,茅庵的木架也在,但不晓怎么,一走进去,就感到了一种扑人的霉灰冷气。当时大厅上停在那里的两口丁氏的棺材,想是这一种冷气的发源之处,但泥墙倾圮,蛛网绕梁,与壁上挂在那里的字画屏条一对比,极自然地令人生出了"俯仰之间,已成陈迹"的感想。因为刚刚在看了这两处衰落的别墅之后,所以一到花坞,就觉得清新安逸,像世外桃源的样子了。

自北高峰后,向北直下的这一条坞里,没有洋楼,也没有伟大的建筑,而从竹叶杂树中间透露出来的屋檐半角,女墙一围,看将过去却又显得异常的整洁,异常的清丽。英文字典里有 Cottage 的这一个名字,而形容这些茅屋田庄的安闲小洁的字眼,又有着许多像 Tiny, Dainty, Snug 的绝妙佳词,我虽则还没有到过英国的乡间,但到了花坞,看了这些小庵却不能自已地便想起了这种只在小说里读过的英文字母。我手指着那些在林间散点着的小小的茅庵,回头来就问车夫:"我们可能进去?"车夫说:"自然是可以的。"于是就在一曲溪旁,走上了山路高一段的地方,到了静掩在那里的,双黑板的墙门之外。

车夫使劲敲了几下，庵里的木鱼声停了，接着门里头就有一位女人的声音，问外面谁在敲门。车夫说明了来意，铁门闩一响，半边的门开了，出来迎接我们的，却是一位白发盈头、皱纹很少的老婆婆。

庵里面的洁净，一间一间小房间的布置的清华，以及庭前屋后树木的参差掩映，和厅上佛座下经卷的纵横，你若看了之后，仍不起皈依弃世之心的，我敢断定你就是没有感觉的木石。

那位带发修行的老比丘尼去为我们烧茶煮水的中间，我远远听见了几声从谷底传来的鹊噪的声音，大约天时向暮，乌鹊来归巢了，谷里的静，反因这几声的急噪，而加深了一层。

我们静坐着，喝干了两壶极清极釅的茶后，该回去了，迟疑了一会，我就拿出了一张纸币，当作茶钱，那一位老比丘尼却笑起来了，并且婉慢地说："先生！这可以不必，我们是清修的庵，茶水是不用钱买的。"

推让了半天，她不得已就将这一元纸币交给了车夫，说："这给你做个外快罢！"

这老尼的风度，和这一次逛花坞的情趣，我在十余年后的现在，还在津津地感到回味。所以前一礼拜的星期日，和新来杭州住的几位朋友遇见之后，他们问我："上哪里去玩？"我就立时提出了花坞。他们是有一乘自备汽车的，经松木场，过古荡、东岳而去花坞，只须二十分钟，就可以到。

十余年来的变革，在花坞里也留下了痕迹。竹木的清幽，山溪的静妙，虽则还同太古时一样，但房屋加多了，地价当然也增高了几百倍，而最令人感到不快的，却是这花坞的住民的变作了狡猾的商人，庵里的尼媪，和退院的老僧，也不像从前的恬淡了，建筑物和器具之类，并且处处还受着了欧洲的下劣趣味的恶化。

同去的几位，因为没有见到十余年前花坞的处女时期，所以仍旧感觉得非常满意，以为九溪十八涧、云栖决没有这样的清幽深邃。但在我的内心，却想起了一位素朴天真、沉静幽娴的少女，忽被有钱有势的人奸了以后又被弃的状态。

一九三五年三月二十四日

（《达夫游记》，上海文学创造社一九三六年三月初版，原题《花坞》）

郁达夫：
相约皋亭山下去，沿河好看进香船

讲述人生平同前。

皋亭山俗称半山，以"半山娘娘庙"出名。地在杭城东北角，与城市相去大约有十五六里路之遥。上半山进香或试春游的人，可以从万安桥头下船，一直地遵水路向东北摇去。或从湖墅、拱宸桥以及城里其他各埠下船去都行。若从陆路去，最好是坐火车到笕桥下车，向北走去，到半山只有七里；倘由拱宸桥走去，怕要走十多里路了，而路又曲折，容易走错。汽车路，不知通到了什么地方，因为航空学校在皋亭山下笕桥之南三五里，大约汽车路总一定是有的。

先说明了这一条路径，其次要说我去游皋亭的经验了，这中间，还可以插叙些历史上的传说进去。

自前年搬到了杭州来住后，去年、今年总算已经过了两个春天。我所最爱的季节，在江南是秋是冬，以及春初的一二个月。以后天气一热，从春晚到夏末，我简直是一个病夫，晚上睡不着觉，日里头昏脑涨，不吃酒也像是个醉狂的人。去年春天，为防止这一种痄夏——其实也可以说是痄春——病的袭来，老早我就在防卫，想把身体练得好些，可以敌得过浓春的压迫，盛夏的熏蒸。故而到了春初，我就日日地游山玩水，跑路爬高，书也不读，文章也不写。有一天正在打算找出一处不曾去过的地方来，去游它一天，消磨那一日长闲的春昼，恰巧有一位多年不见的诗人何君来了，他是住在临平附近的人，对于那一边的地理，是很熟悉的。我问说："临平山、超山、唐栖镇，都已经去过了，东面还有更可以玩的地方没有？"他垂头想了一想，就说："半山你到过没有？"我说："没有！"于是就决定了一道去游半山。

半山本名皋亭山，在清朝各诗人的集子里，记游皋亭看桃花的诗词杂文很多很多，我们去的那一天，桃花虽还没有开，但那一年春天来得较迟，梅花也许是还有的。皋亭虽不是出梅子的地方，可是野人篱落，一树半枝的古梅，倒也许比梅林更为有趣。何君从故乡来，说迟梅还正在盛开，而这一天的天气，也正适合于探梅野步。

我们去时，本打算上笕桥去下车，以后就走到皋亭山上庙里去吃午餐的，但一到车站，听说四等车已经开了，于是不得已只能坐火车到了拱宸桥。

在拱宸桥下车，遥望着皋亭的山色，向北向东，穿桑林，过小桥，一路地走去，那一种萧疏的野景，实在也满含着牧歌式的情趣。到了离皋亭山不远，入沿堤一处村子里的时候，梅花已经看了不少，说话也说尽了两三个钟头，而肚里也有点像贪狼似的饿了。

我们在堤上的一家茶馆里，烘着太阳，脱下衣服，先喝了两大碗土烧酒，吃了十几个茶叶蛋，和一大包花生米、豆腐干。村里的人，看见我们食量的宏大，行动的奇特，在这早春的农闲期里，居然也聚集拢了许多农工织女，来和我们攀谈。中间有一位抱小孩子的二十二三的少妇，衣服穿得异常的整齐，相貌也生得非常之完满，默默微笑着坐在我们一丛人的边上，在听我们谈海天、说笑话，而时时还要加以一句两句的羞缩的问语。何诗人得意之至，酒喝完后，诗兴发了，即席就吟成了一首七言长句，后来就题上了"半山娘娘庙"的墙壁。他要我和，我只做成了一半，后一半却是在回来的路上做的，当然是出韵了，原诗已经记不出来，我现在先把我的和诗抄在下面："春愁如水刀难断，村酿遍醇醉易狂。笑指朱颜称白也，乱抛青眼到红妆。上方钟定夫人庙，东阁诗成水部郎。看遍野梅三百树，皋亭山色暮苍苍。"

因为我们在茶馆里所谈的，就是这一首诗里的故实。

他们说："半山娘娘最有灵感，看蚕的人家，每年来这里烧香的，从二月到四月，总有几千几万。"

他们又说："半山娘娘，是小康王封的。金人追小康王到了这山的半腰，小康王无处躲了，幸亏这娘娘一把沙泥，撒瞎了追来的金人的眼睛。"

又有一个老农夫订正这一个传说："小康王逃入了半山的山洞，金人赶到了，幸亏娘娘把一篓细丝倒向了洞口，因而结成了蛛网。金人看见蛛网满洞，晓得小康王决不会躲在洞里，所以又远追了开去。"

凡此种种，以及香灰疗病、娘娘托梦等最近的奇迹，他们都说得活灵活现，我们仿佛是身到了西方的佛国。故而何诗人作了诗，而不是诗人的我，也放出了那么的一"臭"。其实呢，半山庙所祀的为倪夫人，据说，金人来侵，村民避难入山，向晚大家回村去宿，独倪夫人怕被奸污，留居山上，夜间为毒蛇咬死。人悯其贞，故立庙祀之。所谓撒沙，所谓倒丝筐，都是由这传说里滋生出来的枝节，而祠为宋敕，神为女神，却是实事。

我们饱吃了一顿，大笑了一场，就由这水边的村店里走出，沿堤又走了二三里路，就走上了皋亭脚下的一个有山门在的村子。这里人家更多，小店里的货色也比较的完备。但村民的新年习惯，到了阴历的二月还未除去，山门前的亭子里、茶店里，有许多人围着在赌牌九。何诗人与我，也挤了进去，押了几次，等四毛小洋输完后，只好转身入山门，上山去瞻仰半山娘娘的像了。

庙的确是在半山，庙里的匾额、签文，以及香烛之类，果然堆叠得很多。但正殿三间，已经倾颓灰黑了，若再不修理，怕将维持不下去。西面的厢房一排数间，是厨房，也是管庙管山的人的宿舍，后面更有一个观音堂，却是新近修理粉刷过的。

因为半山庙的前后左右，也没有什么好看，桃树也并没有看见，梅花更加少了，我们就由倪夫人庙西面的一条山路走上了山顶。登高而望远，风景是总不会坏的，我们在皋亭山顶，自然也看见了杭州城里的烟树人家与钱塘江南岸的青山。

从山顶下来，时间已经不早了，何诗人将诗题上了西厢的粉壁后，两人就跑也似的走到了笕桥。

一年的岁月，过去得很快。今年新春刚过，又是饲蚕的时节了，前几天在万安桥头闲步，并且还看见了桅杆上张着黄旗的万安集、半山、超山进香的香船，因而便想起了去年的游迹，因而又发出了一"臭"："半堤桃柳半堤烟，急景清明谷雨前。相约皋亭山下去，沿河好看进香船。"

一九三五年三月廿七日

（《达夫游记》，上海文学创造社一九三六年三月初版，
原题《皋亭山》）

郁达夫：
玉皇山在杭州，倒像是我的一部秘藏之书

讲述人生平同前。

杭州西湖的周围，第一多若是蚊子的话，那第二多当然可以说是寺院里的和尚、尼姑等世外之人了。若五台、普陀各佛地灵场，本来为出家人所独占的共和国，情形自然又当别论；可是你若上湖滨去散一回步，注意着试数它一数，大约平均隔五分钟总可以见到一位缁衣秃顶的佛门子弟，漫然阔步在许多摩登士女的中间；这，说是湖山的点缀，当然也可以。

杭州的和尚、尼姑，虽则多到了如此，但道士可并不见得比别处更加令人触目，换句话说，就是数目并不比别处特别的多。建炎南渡，推崇道教，甚至官位之中，也有宫观提举的一目；而上皇、太后、宫妃、藩主等退隐之所，大抵都是道观，一脉相沿，按理而讲，杭州是应该成为道教的中心区域的，但事实上却又不然。《西湖游览志》里所说的那些城内外的胜迹道院，现在大都只变了一个地

名，院且不存，更哪里来的道士？

西湖边上，住道士的大寺观，为一般人所知道而且有时也去去的，北山只有一个黄龙洞，南山当然要推玉皇山了。

玉皇山屹立在西湖与钱塘江之间，地势和南北高峰堪称鼎足；登高一望，西北看得尽西湖的烟波云影，与夫围绕在湖上的一带山峰；西南是之江，叶叶风帆，有招之即来、挥之便去之势；向东展望海门，一点巽峰，两派潮路，气象更加雄伟；至于隔岸的越山、江边的巨塔，因为是据高临下的关系，俯视下去，倒觉得卑卑不足道了。像这样的一座玉皇山，而又近在城南尺五之间，阖城的人，全湖的眼，天天在看它，照常识来判断，当然应该成为湖上第一个名区的，可是香火却终于没有灵隐、三竺那么的兴旺，我在私下，实在有点儿为它抱不平。

细想想，玉皇山的所以不能和灵隐、三竺一样的兴盛，理由自然是有的，就是因为它的高，它的孤峰独立，不和其他的低峦浅阜联结在一道。特立独行之士、孤高傲物之辈，大抵不为世谅，终不免饮恨而终的事例，就可以以这玉皇山的冷落来做证明。

唯其太高，唯其太孤独了，所以玉皇山上自古迄今，终于只有一个冷落的道观；既没有名人雅士的题咏名篇，也没有豪绅富室的捐输施舍，致弄得千余年来，这一座襟长江而带西湖的玉柱高峰，志书也没有一部。光绪年间，听说曾经有一位监院的道士——不知是否月中子？——托人编撰过一册薄薄的《玉皇山志》的，但它的目的，只在搜集公文案牍而已，记兴革、述山川的文字是没有的，与其称它作志，倒还不如说它是契据的好。

　　我闲时上山去，于登眺之余，每想让出几个月的工夫来，为这一座山，为这一座山上的寺观，抄集些像志书材料的东西；可是蓄志多年，看书也看得不少，但所得的结果，也仅仅二三则而已。这山唐时为玉柱峰，建有玉龙道院；宋时为玉龙山，或单称龙山，以与东面的凤凰山相对，使符郭璞"龙飞凤舞到钱塘"之句；入明无为宗师，创建福星观，供奉玉皇上帝，始有玉皇山的这一个名字。清康熙年间，两浙总督李敏达公，信堪舆之说，以为离龙回首，所以城中火患频仍，就在山头开了日月两池，山腰造了七只铁缸，以像北斗七星之像，合之紫阳山上的坎卦石和北城的水星阁，做了一个大大的镇火灾的迷阵，于是玉皇山上的七星缸也就著名了。洪杨时毁后，又由杨昌濬总督重修了一次。现在的道观，却是最近的监院紫东李道士的中兴工业，听说已经花去了十余万金钱，还没有完工哩。这是玉皇山寺观兴废的大略，系道士向我述说的历史；而田汝成的《游览志》里之所记，却又有点不同，他说："龙山一名卧龙山，又名龙华山，与上下石龙相接。山北有鸿雁池，其东为白塔岭。上有天真禅寺，梁龙德中钱王建寺，今唯一庵存焉。山腰为登云台，又名拜郊台，盖钱王僭郊天地之所也。宋籍田在山麓天龙寺下，中阜规圆，环以沟塍，作八卦状，俗称九宫八卦田，至今不紊。山旁有宋郊坛。"

　　关于玉皇山的历史，大约尽于此了，至于八卦田外的九连塘（或作九莲塘），以及慈云（东面）、丁婆（西面）两岭的建筑物古迹等，当然要另外去考；而俗传东面山头的百花公主点将台和海宁陈阁老的祖坟在八卦田下等神话，却又是无稽之谈了。

玉皇山的坏处，实在也就是它的好处。因为平常不大有人去，因为山高难以攀登，所以你若想去一游，不会遇到成千成万的下级游人，如吴山的五狼八豹之类。并且紫来洞新开，东面由长桥而去的一条登山大道新辟，你只教有兴致，有走三里山路的脚力，上去花它一整天的工夫，看看长江，看看湖面，便可以把一切的世俗烦恼，一例都消得干干净净。我平时爱上吴山，可以借登高的远望而消胸中的块磊，可是块磊大了，几杯薄酒和小小的吴山，还消它不得的时候，就只好上玉皇山去。去年秋天，记得曾和增嘏他们去过一次，大家都惊叹为杭州的新发现；今年也复去过两回，每次总能够发现一点新的好处。所以我说，玉皇山在杭州，倒像是我的一部秘藏之书；东坡食蚝，还有私意，我在这里倒真吐露了我的肺腑衷情。

廿四年十一月

（《闲书》，上海良友图书印刷公司一九三六年五月初版，原题《玉皇山》）

郁达夫：
小和山下蛟龙庙，聚族安居二百家

讲述人生平同前。

　　杭州近处一二十里路内外的风景，从前在路未筑好、交通不便的时候，跑跑原也很费力，很可以满足满足一般生长在城市中的骚人雅士的好奇冒险之心；但现在可不同了，汽车一坐，一个钟头至少至少可以跑上六七十里（三十余至四十公里）的路；像云栖，像花坞，像九溪十八涧，像超山等处，从前非得前一日预备糇粮，诘朝而往、信宿始返的地方，现在只消有三个钟头，就可以去逛得，往游的人一多，游者当然也不甚珍视了；所以最近，住在杭州的人，只想发现些一天可以来回，一半开化，一半还保存着原始面目，山水清幽，游人较少，去去不甚容易，但也不十分艰难的地点，来满足他们的好奇好胜的野心。故而富阳、桐庐，隔江的萧山、绍兴等处，在近两年来，就成了杭州人上流阶级的暇日游赏之地。可是这只以有自备汽车，或在放假日中，可以每人花五十块钱的最上阶级为限,一般中下或中上级的游人,能力还有点不及;因而小和山、龙门山、白龙潭、午潮山的一带,就成了今年游春期里最时髦的一个目标。

小和山在留下镇西南十余里地的地方,山上有一座庙叫金莲寺。这一带,直至余杭的闲林埠为止,本是属于西溪区域以内的。但因稍南有千丈岩,再西再南,又有一座临江的定山,以及许多高低连迭的午潮山、白龙山之类,所以钱塘张道所编的一部《定乡小识》(是《武林掌故丛编》里的一种,共十六卷)里,把这些山水都划归入了定乡的范围。所谓定乡者,当然是以定山而命名,有定南、定北、安吉、长寿的四乡,又因它们据于县治的上游,所以又名上四乡,以示与县下的孝女、南北钦贤、调露的四乡境界的不同。大抵古时定乡的界线,东自江边六和塔算起,西至富阳为止,南望萧山,北接余杭,区域是很模糊辽阔的。现在我们要记小和山、龙门山、午潮山的一带,也只能马马虎虎,遵从古意,暂且以它们为定乡以内的水水山山;而《定乡小识》的第四卷内之所记,就是这一路的山容水貌、古迹诗词,我在下面,也有不少词句是抄这一卷的记述的。

先说小和山吧;小和山脚,就是杭徽支路达小和山的汽车路的终点。自杭州坐汽车去,不消一个钟头,就可以到了。从山脚走上山去,曲折盘旋,大约要走三十分钟的石级,才可以到得顶上的金莲寺里。这一段上山路的风景,可以借《定乡小识》的记载来描写,虽然是古人的文言文,但也没有"白发三千丈"那么的夸过其实,是可以信用的："小和山在龙门山东，多竹树；游人登山，行翠雾中，山径盘曲，十步一折，南出龙门坑，抵转塘，以达于江；北下西溪。"

我们去的那天，同去者是一群中外杂凑的难民似的旅行团，时候又当春意阑珊香火最旺的清明谷雨之前，满途的翠雾，当然是可以不必说，而把这翠雾衬托得更加可爱更加生色的，却是万紫千红的映山红与紫藤花。你即使还不曾到过这一处地方，你且先闭上眼睛，想一想这一个混合的色彩！上面当然是青天，游人的衣服是白的，太阳光有时也红，有时也黑（在树荫下），有时也七色调和，而你的眼睛，却在这杂色丛中做乱舞乱跳的飞花蝴蝶，这大约也可以说够风流了吧！但是更风流的事情，还在后面。

金莲寺里奉祀的菩萨，是玄天上帝的圣帝菩萨，据说，极有灵验。自二月至四月，香火之盛，可以抵得过老东岳的一半，而尤以"饭回（还）勿盛（曾）且（吃）哩！"的松江乡民为最多。因而在寺的门前，当这一个春香期里，有茶棚，有菜馆，还有专卖竹器的手工人。油条、烧酒、毛笋、油豆腐，却是这山上的异味。

关于圣帝菩萨，我早想做一点考证，但遍阅道书，却仍是茫无头绪。只从一部不能当作正传看的草本书里，知道他是一位太子，在武当出家修行；手执宝剑，头戴金圈，是一位伏魔大帝。所谓魔者，就是他蜕化时嫌有烟火气味，从自己肚里挖出的一个胃和一盘肠。这圣帝的肠和胃，也受了圣化，被挖出之后，就变了一个龟与一条蛇，在世上作恶害人。经圣帝菩萨收服之后，便变了他的龟蛇二将。还有一个经他收服的王灵官,是他最信任最得意的侍从武都头;一手捏钢鞭,一手作灵结,红脸赤发,正直聪明,是这一位圣帝手下最有灵感、最不顾私情的周仓、李逵、牛皋一类的人物。而圣帝的名姓,和在世时的籍贯时代,却言人人殊,终于没有一个定论。

以我的私意推测起来,大约这一位圣帝菩萨,受的一定是佛家的影响,系产生于唐以后的无疑。因为释迦是太子,是入山修道者,历尽了种种苦难折磨,才成正果,而他的经历出身,简直和圣帝菩萨是一样。大约道家见到了佛法的流行,这我们中国固有的正教行见得要被外来的宗教征服了,所以才倡始了这一种传说。延至宋代,道教大盛,赵氏南迁,余杭大涤山上的洞霄宫,天台桐柏山上的桐柏宫,威势赫奕,压倒了禅宗。因而西溪一带,直至余杭,有的是灵宫殿、圣武庙,而释家的寺院,都是清代重修的殿宇。明朝永乐,因燕贼篡位,难得民心,故而托言圣帝转世,大修武当的道院;而他的末子崇祯,也做了朱天大帝,在杭州附近,出尽了威风。由此类推起来,从可知道这一带的高山道观,在明朝也是香火很盛的,一路上去,可以直溯到安徽的白岳齐云。

野马一放,放得太远了,我们只好再回到一九三五年春季的小和山来。就再说金莲寺吧!金莲寺是有田产的寺观,每年收入的租谷,尽可以养得活十二三位寺内的僧侣,寺的组织继承,是和浙东的寺院一样,大有俗家的气味;他们奉祀的虽是圣帝菩萨,而穿的却是和尚的衣服;因为富有寺产,所以打官司、夺产业这类的事情,也是免不了的。我们当天在金莲寺外吃了一阵油条烧酒之后,因为去的目的地是白龙潭，所以只在寺外门前闹了一阵，便向南面的一条石级路走下，上龙门坑去了。这龙门坑的一个村子，真是外人不识，村人不知，武陵渔父也不曾到过的一座世外的桃源，它的形势，和在郎当岭上看下去的山村梅家坞有点相仿佛。

龙门坑居民二百余家，十分之六是葛姓，村中一溪，断桥错落，居民小舍，就在溪水桥头，山坡岩下，排列分配得极匀极美。村的三面，尽是高山，山的四面就是万紫千红的映山红与紫藤花。自白龙潭下流出来的溪水，可以灌田，可以助势，所以水碓磨坊，随处都是。居民于种茶种稻之外，并且也利用水势，兼营纸业。这一种和平的景象，这一种村民乐业的神情，你若见了，必定想辞去你所有的委员、教员、×员的职务，来此地闲居课子，或卖剑买牛，不问世事。而这村中的蛟龙庙（或作娇龙庙）里的一区小学儿童的歌声，更加要使你想到没有外国势力侵入，生活竞争不像现在那么激烈的羲皇以上的时代去。我忍不住了，就乘大家不注意的中间，偷偷在笔记簿上写下了这么的二十八字：

　　小和山下蛟龙庙，聚族安居二百家，
　　好是阳春三月暮，沿途开遍紫藤花。

从龙门坑西去的五六里路中间，两边尽是午潮山、龙门山、千丈岩、牛滑岭、倒吊岭、九曲岭、狮子岩等崇山峻岭拖下来的高峰；中有一溪，因成一谷。山上的花和石，溪里的水和天，三步一转，五步一折，到了谷底的时候，要上山了，这时候你就感得到一年不断的天风，和名叫龙门，从两峰夹峙的石壁之间流下来的瀑布声音的淙淙霍霍。

你要脱去了文明人的鞋袜，光赤着从母胎里带来的双足，有时候水大，也须还要撩上你本来不长的短裤，露着白腿，不惜臀部（因为要滑跌而坐在水中），才能到得那所谓的龙门峡，从这峡里流下来的白龙潭瀑布的身边。

上面说过的所谓更风流的事情，就在这一段了。小姐们太太们，到了此地，总算是已经历尽了千辛和万苦；从此回去么？瀑布声音，是听得见了；爱惜丝袜与高跟皮鞋么？那你就一步也移动不得。坐轿子么？你一个人走，尚且危险，哪里有一乘轿子与两个轿夫的容身之地？所以你不来则已，你若一来，就得大家平等，一律地赤着足，撩着衣，坐臀庄，爬石隙，大家只好做一个原始时代的赤裸裸的亚当与夏娃；不必客气，毫无折扣，要爬过山的半腰，再顺溪流而上，直到两山壁峙的幽黯的山隩，才看得见那一条白龙飞舞似的珠帘的彩瀑。瀑身并不宽，瀑流也并不高（大约总只有五丈余高），可是在杭州附近，在这一个千岩万壑不知去路的山间，偶尔路一转折，就见到了这一条只在书的插画里见过似的飞瀑，岂不是已经可以算一件奇迹了么？风流不风流，且不必去管它，总之你费半日的心思和劳力，最后就可以得到这一点怡悦心身、满足好奇的酬报，岂不是比盼望了两三个月之久，而终于也许还不能得到一个末尾的航空奖券稳健有趣得多？

白龙潭的出句,及它的所以成为今年游春的时髦地点的原因,大约从上面的一段记述里,大家可以明白了;现在我还想参考《定乡小识》,以及这次去游的经验,再补叙几句进去。

原来这一带的地域,古时候似乎都叫作龙门山路的;而所谓龙门山者,究竟是哪一支山,却很不容易辨清。白龙潭瀑布所在的地方,两峰夹峙,绝似龙门,按理当以此处为龙门山的中心,但厉鹗的《宿龙门山巢云上人房》的那一首五言律诗的小注里,又说山在钱塘之西,俗名小和山。厉鹗当然是不对,可是现在的村人,也只把白龙潭所在的一带,叫作白龙山而已,并无龙门山的这一个名称。在上白龙潭去的路旁,就在龙门坑村的一支山上,有一条新辟的山路,是上白龙庵去的。这白龙庵系在山的东南面,地势极南,下面可以俯瞰定乡北谷以及钱塘江的"之"字形的江流,游人大抵不到,可是地方却是最妙也没有的一处高地;而自白龙庵西下白龙潭,也须走两三里路,才可以看得到白龙潭瀑布的来源;若以这山为龙门山,那山的一面,龙门的西面半扇,又没有了名字了,所以也不大妥当。我想非地理学家的我们这些游人,最好是只能将错就错,以这一带的地域,为龙门山的辖地;将白龙潭与白龙山,统视作了龙门山的支脉,那才可以与古书不背了。在这里,我只希望去看白龙潭瀑布的人多一些,可以将那条山路踏平;更希望去游的人,能从龙门坑转向南北,出转塘去坐汽车,可以免去回来时小和山岭的一条山路的跋涉;最后还希望将回到龙门坑村里,再去午潮山的那一点气力省下,转向南面的山上叫作白龙庵的地方去看一看白龙潭瀑布的来源，与钱塘江江上的风帆，因为午潮山去的一路景色，以及山的眺望，是远不及现在有一所农场在那里的白龙庵上面的宽敞伟大的。

一九三五年四月五日

（原载杭州《学校生活》一九三五年四月十日第一〇一期，录自《郁达夫全集》第四卷，浙江大学出版社，二〇〇七年十二月第一版，原题《龙门山路》）

郁达夫：
摇船的少女，也总好算是西溪的一景

讲述人生平同前。

西北风未起，蟹也不曾肥，我原晓得芦花总还没有白，前两星期，源宁来看了西湖，说他倒觉得有点失望，因为湖光山色，太整齐，太小巧，不够味儿，他开来的一张节目上，原有西溪的一项，恰巧第二天又下了微雨，秋原和我就主张微雨里下西溪，好叫源宁去尝一尝这西湖近旁的野趣。

天色是阴阴漠漠的一层，湿风吹来，有点儿冷，也有点儿香，香的是野草花的气息。车过方井旁边，自然又下车来，去看了一下那座天主圣教修士们的古墓。从墓门望进去，只是黑沉沉、冷冰冰的一个大洞，什么也看不见，鼻子里却闻吸到了一种霉灰的阴气。

把鼻子掀了两掀，耸了一耸肩膀，大家都说，可惜忘记带了电筒，但在下意识里，自然也有一种恐怖、不安和畏缩的心意，在那里作恶。直到了花坞的溪旁，走进窗明几净的静莲庵堂去坐下，喝了两碗清茶，这一些鬼胎，方才洗涤了个空空脱脱。

　　游西溪，本来是以松木场下船，带了酒盒行厨，慢慢儿地向西摇去为正宗。像我们那么高坐了汽车，飞鸣而过古荡、东岳，一个钟头要走百来里路的旅客，终于是难度的俗物，但是俗物也有俗益，你若坐在汽车里，引颈而向西向北一望，直到湖州，只见一派空明，遥盖在淡绿成阴的斜平海上，这中间不见水，不见山，当然也不见人，只是渺渺茫茫，青青绿绿，远无岸，近亦无田园村落的一个大斜坡，过秦亭山后，一直到留下为止的那一条沿山大道上的景色，好处就在这里，尤其是当微雨朦胧、江南草长的春或秋的半中间。

　　从留下下船，回环曲折，一路向西向北，只在芦花浅水里打圈圈。圆桥茅舍，桑树蓼花，是本地的风光，还不足道，最古怪的，是剩在背后的一带湖上的青山，不知不觉，忽而又会得移上你的面前来，和你点一点头，又匆匆地别了。

　　摇船的少女，也总好算是西溪的一景，一个站在船尾把摇橹，一个坐在船头上使桨，身体一伸一俯，一往一来，和橹声的咿呀、水波的起落，凑合成一大又圆又曲的进行软调，游人到此，自然会想起瘦西湖边，竹西歌吹的闲情，而源宁昨天在漪园月下老人祠里求得的那枝灵签，仿佛是完全地应了。签诗的语文，是《鄘风·桑中》章末后的三句，叫作"期我乎桑中，要我乎上宫，送我乎淇之上矣"。

　　此后便到了交芦庵，上了弹指楼，因为是在雨里，带水拖泥，终于也感不到什么的大趣，但这一天向晚回来，在湖滨酒楼上放谈之下，源宁却一本正经地说："今天的西溪，却比昨日的西湖，要好三倍。"

前天星期假日，日暖风和，并且在报上也曾看到了芦花怒放的消息，午后日斜，老龙夫妇，又来约去西溪，去的时候，太晚了一点，所以只在秋雪庵的弹指楼上，消磨了半日之半。一片斜阳，反照在芦花浅渚的高头，花也并未怒放，树叶也不曾凋落，原不见秋，更不见雪，只是一味的晴朗浩荡，飘飘然，浑浑然，洞贯了我们的肠腑。老僧无相，烧了面，泡了茶，更送来了酒，末后还拿出了纸和墨。我们看看日影下的北高峰，看看庵旁边的芦花荡，就问无相，花要几时才能全白？老僧操着缓慢的楚国口音，微笑着说："总要到阴历十月的中间，若有月亮，更为出色。"说后，还提出了一个变换的条件，要我们到那时候，再去一玩，他当预备些精馔相待，聊当作润笔，可是今天的字，却非写不可。老龙写了"一剑横飞破六合；万家憔悴哭三吴"的十四个字，我也附和着抄了一副不知在哪里见过的联语："春梦有时来枕畔；夕阳依旧上帘钩。"

喝得酒醉醺醺，走下楼来，小河里起了晚烟，船中间满载了黑暗，龙妇又逸兴遄飞，不知上哪里去摸出了一枝洞箫来吹着。"其声呜呜然，如怨如慕，如泣如诉，余音袅袅，不绝如缕"，倒真有点像是七月既望，和东坡在赤壁的夜游。

一九三五年十月二十二日

（《达夫游记》，上海文学创造社一九三六年三月初版，原题《西溪的晴雨》）

郁达夫：
三竺六桥，九溪十八涧；一茶四碟，二粉五千文

讲述人生平同前。

去年有一天秋晴的午后，我因为天气实在好不过，所以就搁下了当时正在赶着写的一篇短篇的笔，从湖上坐汽车驰上了江干。在儿时习熟的海月桥、花牌楼等处闲走了一阵，看看青天，看看江岸，觉得一个人有点寂寞起来了，索性就朝西地直上，一口气便走到了二十几年前曾在那里度过半年学生生活的之江大学的山中。二十年的时间的印迹，居然处处都显示了面形，从前的一片荒山、几条泥路，与夫乱石幽溪、草房藩溷，现在都看不见了。尤其要使人感觉到我老何堪的，是在山道两旁的那一排青青的不凋冬树，当时只同豆苗似的几根小小的树秧，现在竟长成了可以遮蔽风雨、可以掩障烈日的长林。不消说，山腰的平处，这里那里，一所所的轻巧而经济的住宅，也添造了许多。像在画里似的附近山川的大致，虽仍依旧，但校址的周围，变化却竟簇生了不少。第一，从前在大礼堂前

的那一丝空地，本来是下临绝谷的半边山道，现在却已将面前的深谷填平，变成了一大球场。大礼堂西北的略高之处，本来是有几枝被朔风摧折得弯腰屈背的老树孤立在那里的，现在却建筑起了三层的图书文库了。二十年的岁月！三千六百日的两倍的七千二百日的日子！以这一短短的时节，来比起天地的悠长来，原不过是像白驹的过隙，但是时间的威力，究竟是绝对的暴君，曾日月之几何，我这一个本在这些荒山野径里驰骋过的毛头小子，现在也竟垂垂老了。

一路上走着看着，又微微地叹着，自山的脚下，走上中腰，我竟费去了三十来分钟的时刻。半山里是一排教员的住宅，我的此来，原因为在湖上在江干孤独得怕了，想来找一位既是同乡，又是同学，而自美国回来之后就在这母校里服务的胡君，和他来谈谈过去，赏赏清秋，并且也可以由他这里来探到一点故乡的消息的。

两个人本来是上下年纪的小学校的同学，虽然在这二十几年中见面的机会不多，但或当暑假，或在异乡，偶尔遇着的时候，却也有一段不能自已的柔情，油然会生起在各个的胸中。我的这一回的突然的袭击，原也不过是想使他惊骇一下，用以加增加增亲热的效力的企图。升堂一见，他果然是被我骇倒了。

"哦！真难得！你是几时上杭州来的？"他惊笑着问我。

"来了已经多日了，我因为想静静儿地写一点东西，所以朋友们都还没有去看过。今天实在天气太好了，在家里坐不住，因而一口气就跑到了这里。"

"好极！好极！我也正在打算出去走走，就同你一道上溪口去吃茶去罢,沿钱塘江到溪口去的一路的风景,实在是不错!"

沿溪入谷,在风和日暖、山近天高的田塍道上,二人慢慢地走着、谈着,走到九溪十八涧的口上的时候,太阳已经斜到了去山不过丈来高的地位了。在溪房的石条上坐落,等茶庄里的老翁去起茶煮水的中间,向青翠还像初春似的四山一看,我的心坎里不知怎么,竟充满了一股说不出的飒爽的清气。两人在路上,说话原已经说得很多了,所以一到茶庄,都不想再说下去,只瞪目坐着,在看四周的山和脚下的水,忽而嘘朔朔朔的一声,在半天里,晴空中一只飞鹰,像霹雳似的叫过了,两山的回音,更缭绕地震动了许多时。我们两人头也不仰起来,只竖起耳朵,在静听着这鹰声的响过。回响过后,两人不期而遇地视线凑集了拢来,更同时破颜发了一脸微笑,也同不谋而合地叫了出来说:"真静啊!"

"真静啊!"

等老翁将一壶茶搬来,也在我们边上的石条上坐下,和我们攀谈了几句之后,我才开始问他说:"久住在这样寂静的山中,山前山后,一个人也没有得看见,你们倒也不觉得怕的么?"

"怕啥东西?我们又没有龙连(钱),强盗绑匪,难道肯到孤老院里来讨饭吃的么?并且春三二月,外国清明,这里的游客,一天也有好几千。冷清的,就只不过这几个月。"

我们一面喝着清茶,一面只在贪味着这阴森得同太古似的山中的寂静,不知不觉,竟把摆在桌上的四碟糕点都吃完了。老翁看了我们的食欲的旺盛,就又推荐着他们自造的西湖藕粉和桂花糖说:

"我们的出品,非但在本省口碑载道,就是外省,也常有信来邮购的,两位先生冲一碗尝尝看如何?"

大约是山中的清气,和十几里路的步行的结果吧,那一碗看起来似鼻涕,吃起来似泥沙的藕粉,竟使我们嚼出了一种意外的鲜味。等那壶龙井芽茶,冲得已无茶味,而我身边带着的一封绞盘牌也只剩下两枝的时节,觉得今天是行得特别快的那轮秋日,早就在西面的峰旁躲去了。谷里虽掩下了一天阴影,而对面东首的山头,还映得金黄浅碧,似乎是山灵在预备去赴夜宴而铺陈着浓装的样子。我昂起了头,正在赏玩着这一幅以青天为背景的夕照的秋山,忽听见耳旁的老翁以富有抑扬的杭州土音计算着账说:"一茶,四碟,二粉,五千文!"

我真觉得这一串话是有诗意极了,就回头来叫了一声说:"老先生!你是在对课呢,还是在做诗?"

他倒惊了起来,张圆了两眼呆视着问我:"先生你说啥话语?"

"我说,你不是在对课么?三竺六桥,九溪十八涧,你不是对上了'一茶四碟,二粉五千文'了么?"

说到了这里,他才摇动着胡子,哈哈地大笑了起来,我们也一道笑了。付账起身,向右走上了去理安寺的那条石砌小路,我们俩在山嘴将转弯的时候,三人的呵呵呵呵的大笑的余音,似乎还在那寂静的山腰、寂静的溪口,作不绝如缕的回响。

一九三三年五月二十一日

(《达夫游记》,上海文学创造社一九三六年三月初版,原题《半日的游程》)

蒋维乔：
出杭州清泰门东北行六十余里，有地名唐栖，其山曰超山，以梅花著名

讲述人生平同前。

出杭州清泰门东北行六十余里，有地名唐栖，其山曰超山，以梅花著名。早春花开，游人众多，且有宋时古梅，尤为名山生色。友人之曾往躧屐者，则批评不一，或谓与邓尉亦可相仿；或谓梅花之多，不如邓尉，宋梅尤消瘦堪怜，并不足观，且真假不可知，可不必往。余曰：否否。超山之宋梅，吾人固不能就梅之本身，遽下批评，当先考其历史，则寻梅吊古，趣味幽深，乌可以考证眼光，断其真假，遂谓不足观耶！在元代至元二十一年，西僧杨琏真伽，与丞相桑哥，表里为奸，谋发掘会稽宋六陵金宝；有义民唐珏者，毁家财，夜率侠客，潜往启陵寝，取宋代诸帝骸骨，另以石函贮之，瘗于山阴天章寺前，每陵各植冬青一株以为识。事毕，则归隐于超山，又手植梅花，以寄高致，此唐栖之地名，及宋梅之由来也。余于年年春初，辄动游兴，或因事，或无伴，卒未果！民国二十年三

月之初,始偕吴江金君松岑,及其族弟仲禹往游焉。钟君钟山、邵君潭秋,在杭招待。先一夕抵杭。次晨,共乘公用局汽车前往,行一时半,抵山西村下车,乘篮舆进山,一路已见梅林。半里,至报慈寺。寺之前进,即古时所称香海楼也。楼外梅花数百本,均已盛开,清香阵阵,沁人心脾。楼之右则所谓宋梅者在焉。虬干斜倚,分而为二,支以湖石,一上张如伞盖,一蟠屈至地而复起;皮皱若鳞,苔纹斑剥,作深青色,真可谓古色古香,耐人寻味者矣!宋梅围以石栏,其四周之梅树,如环如拱,相传皆明产也。近有吴兴周梦坡,构亭于香海楼之左,曰宋梅亭。且请安吉吴昌硕,图宋梅之形,复为之记,并镌于石;竖之香海楼中,亦韵事也。余等流连久之,在寺午餐。住持正法云:"超山百里之内,皆种梅树,迩来海上制造之陈皮梅,行销外洋,为大宗出品,原料多取给于此;每岁出产有四五十万金,故土人多有将桑田改为梅田者。"犹忆十余年前,游苏之邓尉,讶其梅花之少,名不副实;询其原因,乃系农人以种梅利薄,改种桑树,致使山容丑陋异常,令人扫兴;今超山则反是,非邓尉之人俗,超山之人雅,盖亦时代变迁,商业经济之影响也!餐毕,乘篮舆出寺,由寺左登山,磴道曲折,行于森林之中;林多松杉,间以杨梅枇杷,倘夏日果熟时来此,满山红黄累累,当有可观!长松之隙,遥见半山梅花,如雪如雾,悄若缟衣仙人,隐约招客然!行一里,至妙喜寺,俗名中圣殿。寺倚山建筑,重楼叠阁,愈上愈高;对面有泉,水深碧色,清澈见底,寺僧建亭于其上,名也冷亭。从亭后再登山,数十步,有新建方亭;据半山之胜,尚未题额。自亭北俯视，有小山，名马鞍。唐义民珏之墓在焉。山下红墙隐现，即中普陀寺也。自亭西俯视，见一小湖，曰丁山湖。再登山，约一里，至玉喜寺，俗名上圣殿。殿前怪石嶙峋，色皆黝黑，而作大斧劈形；有大石十数挺立，天然成为二门。故寺额又镌"头天门"三字。余等不入寺门，自其侧乱石中，寻小径升山顶，一探怪石之胜；愈上则石愈多，或蹲或立，或上耸，或倒垂；至顶则磊磊骈列，如待客者，俗呼此为八仙石云。遂由寺之后门下山，出天门，逾超山中峰南行；五里，至乾元观。观后之海云洞，为超山胜处；急往探之，洞有二，其下为水洞，其上为旱洞。游者先经水洞，则洞壁穿然，石色似铁，镌"卧龙渊"三字。渊水空澄，可鉴须眉；架石桥以通之，自桥而上，历石级三十余，即至旱洞。洞深而黑，中供龙王，故俗称龙洞。洞中甚暖，游者须解衣，否则不耐。据云：其上更深广，但无级可升，又无火炬，秉烛照之，光不莹彻，莫能穷其究竟。洞底水声汹涌，奔流而下，即汇为水洞者也。自洞出，啜茗于卧龙渊上。此洞开辟于唐五代时，宋赵清献公重建之。今所镌"海云洞"三字，为清献手笔。惜俗僧不解事，以此地为炊所；名贤遗迹，几埋没不可见矣！明嘉靖间，有布政司丁松坡，亦重修是洞；其子西轩，乃就观旁另辟石洞，镌其父石像于中；旁有二侍，额曰"丁松坡"。更在洞旁石壁镌碣有记事及题咏，惜多磨灭，不可卒读。西轩殁后，亦于其旁辟一洞，镌石像，额曰"西轩丁公"。自卧龙渊迤逦至丁公洞，尚有镜心池、摸石池、濯缨泉诸胜。此时水小，皆干涸见底；当于大雨后观之。出乾元观南行；五里，至亭里村。是村周围十里之内，均

179

是梅花，行于香海之中，至此方得尽寻梅之兴。而种梅人家，妇孺嬉嬉，怡然自乐，即鸡犬亦有闲适之意，梅村亦不啻桃源也！薄暮，驱车至临平，在市楼晚餐。餐毕，乘火车返杭州。超山之游，自山北至山南，计一日而毕，兹山之胜，当以梅、石、洞三者并称。宋梅有历史之价值，固勿论；而山南之梅花，尤多于山北，谓为不如邓尉，是赿言也。是故不至玉喜寺，不得见怪石之奇丽；不至乾元观，不能探龙洞之幽胜；不至亭里，不足展梅花之大观；余对于超山之感想如此，后之游者，或勿河汉斯言欤！

（《因是子游记》，蒋维乔著，上海商务印书馆一九三五年十二月初版，原题《超山探梅记》）

蒋维乔：
民国五年，沪杭路初开观潮车时，余即赴海宁观潮

讲述人生平同前。

民国五年，沪杭路初开观潮车时，余即赴海宁观潮。迩时沿江支搭临时草棚，设备极简。潮头之来，平直如线，高不过三尺余。约五分钟，即拍岸而退，观者多不厌所欲。余于是十余年来，未尝动观潮之兴。去年十月，海宁县东十余里八堡地方，洪潮冲毁塘岸，淹没田庐，省政府赶派工役抢修，于是世人皆知彼地之潮，大于海宁。中国旅行社发起八堡观潮，号召游客。余亦遂有第二次观潮之举。友人汤君爱理，约余同游。且云："吾曹平日困于笔墨，脑经过劳，当此秋色晴朗，正可往西湖盘桓数天，不必乘观潮车，过于迫促。古人所谓莫放春秋佳日过，此语深有味也！"余曰："然。"决计以民国十九年十月八日动身，又恐游客众多，杭州旅馆无隙地；先一日，驰书陆君步青，托为预定旅馆。

十月八日，午后赴北火车站，登沪杭特别通车。果然乘客拥挤，

幸余到早，占得座位。汤君以三时半来，已无座矣。五十分开行，一路谈天，并览窗外秋色，尘襟为之一涤。九时三刻，抵杭州。陆君步青，已在站迎接。据云："湖上旅馆，皆告客满，幸湖滨旅馆有熟人，与之再三磋商，始让出一房间。"遂共乘汽车抵湖滨。安置行李毕，至湖滨公园散步。是夜月明如镜，因岸上电灯繁密，侵夺月光，不能十分畅玩。爱理乃提议泛舟，步青以时晏，先别去。余与爱理共乘小艇入湖中，时已十一时，湖中寂静，仅有我等一叶扁舟；荡入深处，愈近湖心，月光愈朗，直至三潭印月，而月光分外皎洁，乃为生平所罕见！盖余虽屡至西湖，而深夜泛舟玩月，乃第一次，真有"人生能得几回"之感！于是命舟子停桨，徘徊久之，徐徐荡桨而返。抵岸已十二时。腹中觉饥，遂至市楼啜粥，始返旅馆。余向来十时即睡，若此次之爱月眠迟，亦一年中仅有者也。

九日，晨起，闻今日潮信最大，本拟往观，而杭埠汽车，已悉为旅行社包去；步青向公路局预定之车，须明日方有，好在先与爱理，本拟在西湖休息尘劳，乃决定游湖。九时雇一小艇，任其所之。先入里湖；登岸，至新新旅馆进早餐。餐毕，闲步至岳坟，吊苏小与秋瑾之墓。复泛舟，游郭庄、刘庄。湖上风景，余等固已烂熟，不过兴之所至，偶尔登陟，意固不在游览也。午后二时登岸，至功德林素餐，餐后回旅馆假寐。四时复泛舟，至湖心亭。后至中山公园，已暮色苍茫，炊烟四起，遂棹舟而返，仍至功德林晚餐。归后及早安睡。

十日晨起，与爱理至湖边散步。九时半，陆君步青与其夫人携子女以汽车来迎接余等，遂共乘之。出清泰门，行一时半，过海宁城而达八堡。计自杭州至此，凡行五十四公里，合普通里数为一百零八里。此时正为十二时三十分，潮尚未至，而观者已群集江岸。余等至茶棚小憩，徐步海塘边，观新修之石塘，作"凹"字穹形，盖所以减潮之冲激力也。此塘于今年七月十三日竣工，省政府立石以为纪念，名溪伊斜坡石塘。溪伊殆原来之村名，俗又呼大盘头，今云八堡。乃自杭州起点，划分沿海区域，至此乃第八段也。十二时三刻，遥望水天相接处，有白练一条高起，轰轰之声，远震十余里，乡人呼曰：潮来矣！未几潮益近，轰声益高，恍若军队，列成长蛇阵，步伐整齐，滚滚而前，向石塘进攻；潮头之高，可及丈余，是曰南潮。南潮未拍岸时，遥望东面，又突起一潮，恰如一纵队，挺进直前，与南潮正交，作"丁"字形。两潮相激，潮益高，声益大。既而南潮先横拍石塘，水石相击，浪花四溅，江面全皱，白沫横飞，余立近塘边，襟袂为湿。斯时东潮直捣南潮后方，高可二丈余，忽起忽伏，宛似骑兵千余，向前冲锋，斜掠石塘。巨浪越过塘角，立于此地之观众，几逃避不及。如此两潮起伏，攻扑塘岸，不下十数次，为时可十余分钟；较诸海宁，仅堪一瞥者，盖远过之矣。观毕，仍乘汽车而返。抵海宁，已午后一时。乃下车游中山公园；复至潮神庙。庙建筑宏丽，柱皆白石琢成，刻画工细；屋面盖黄瓦碧琉璃，想见当年盛况，惜今多颓废矣！陆君邀至市楼午餐。余遇王伯沆、钟钟山二君，渠等先一日宿海宁，仅观海宁潮，余告以八堡东南二潮胜况，伯沆叹曰："我等错过矣！"餐毕，驱车返。游客汽车衔接，不下百辆；乡民立于道旁聚观，窃笑曰："彼辈何太痴！此潮乃日日来，有何足观？"噫！我辈观潮，乡民观人，彼此相较，同是一痴，世间之事，大抵习见则不鲜，少见则多怪而已！四时，抵湖滨旅馆，爱理下车，余则至陆君寓中闲谈。其寓临湖，为贝氏别庄，楼阁玲珑，前有大树，并桂花十余株，余香满室，尚未凋谢。余在回廊倚榻面湖，逍遥自乐；六时归旅馆。今日庆祝双十节，有各机关之提灯会，沿湖游行，鼓乐张灯而过；而湖中则以数十小艇，张挂红绿灯，衔尾游行，远望之，蜿蜒如火龙，煞是热闹！是夕，陆君伉俪，宴余于功德林。

十一日晨起，复与爱理步行湖边。绕至苏堤，领略晓景。九时半，雇汽车赴城站，乘特别通车回沪。近来游山伴侣，日见其少，余又不如往昔之年少气盛，能一人掉臂入山；兼以四方不静，故恒不克远游。此行往来四日，皆遇畅晴，天气之佳，为历来旅行所未遇，虽小小游踪，亦有足记者矣。

（《因是子游记》，蒋维乔著，上海商务印书馆一九三五年十二月初版，原题《八堡观潮记》）

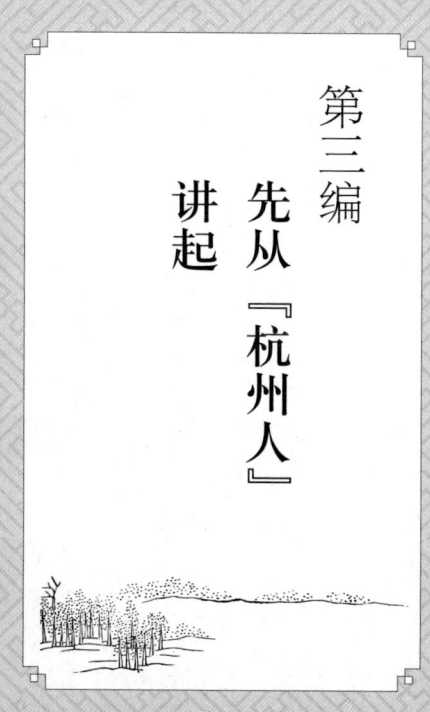

第三编 先从『杭州人』讲起

程 淯：
龙井以茶名天下，在杭州曰本山

程淯（1870—1940），江苏武进（常州）人，近代文人。清末自北京寓居杭州，著有《龙井访茶记》。

龙井以茶名天下，在杭州曰本山。言本地之山，产此佳品，旌之也。然真者极难得，无论市中所称本山，非出自龙井；即至龙井寺，烹自龙井僧，亦未必果为龙井所产之茶也。盖龙井地即隘，山峦重叠，宜茶地更不多。溯最初得名之地，实惟狮子峰。距龙井三里之遥，所谓老龙井是也。高皇帝南巡，啜其茗而甘之，上蒙天问，则王氏方园里十八株，荷褒封焉。李敏达《西湖志》称：在胡公庙前，地不满一亩，岁产茶不及一斤，以贡上方。斯乃龙井之冢嫡，厥为无上之品。山僧言：是叶之尖，两面微缺，宛然如意头。叶厚味永，而色不浓。佳水瀹之，淡若无色。而入口香洌，口味极甘。其近狮子峰所产者，逊胡公庙矣，然已非他处可及。今所标龙井茶，即环此三五里山中茶也。辛亥清明后七日，余游龙井之山。时新茶初苗，绽展一旗。爰录采焙之方，并裁择培溉之略。世有卢陆之嗜，宜观斯记。

土性 沙砾也，壤土也，于茶地非上之上也。龙井之山，为青石，水质略咸，含碱颇重。沙壤相杂，而沙三之一而强。其色鼠羯，产茶最良。迤东迤南，土赤如血，泉虽甘而茶味转劣。故龙井佳茗，意不能越此方里以外，地限之一也。

栽植 隔冬采收茶子，贮地窖或壁衣中，无令枯燥虫蛀。入春，锄山地，取向阳坦，不渍水。陆坡，则垒石障之，锄深及尺，去其粗砾。旬日后，土略平实，检肥硕之茶子，点播其中科之，相去约四五尺，略施灰肥，春夏锄草。于地之隙，可蓺果蔬。苗以苗矣，无须移植。第四年春，方可摘叶。

培养 三四年成树，地佳者无待施肥。硗瘠者，略施豆饼汽堆肥，以壅其根。防草之荒，岁一二锄，旱则溉之。

采摘 大概清明至谷雨，为头茶。谷雨后，为二茶。立夏小满后，则为大叶颗，以制红茶矣。世所称明前者，实则清明后采。雨前，则谷雨后采。校其名实，宜云明后、雨后也。采茶概用女工，头茶选择，极费工。每人一日，仅得鲜叶四斤。上下采工，一两六文。

焙制 叶既摘，当日即焙，俗曰炒，越宿色即变。炒用寻常铁锅，对径约一尺八寸，灶称之。火用松毛，山茅草次之，它柴皆非宜。火力毋过猛，猛则茶色变赭，毋过弱，弱又色黯。炒者坐灶旁以手入锅，徐徐拌之，每拌以手按叶，上至锅口，转掌承之，扬掌抖之，令松。叶从五指间，纷然下锅，复按而承以上。如是展转，无瞬息停。每锅仅炒鲜叶四五两，费时三十分钟。每四两，炒干茶一两。竭终夜之力，一人看火，一人拌炒，仅能制茶七八两。

烹瀹 烹宜沙瓶，火宜木炭，宜火酒，瀹宜小瓷。壶所容如盖碗者，需茶二钱。少则淡，多则滞。水开成大花乳者，宜取四凉杯挹注之。杀其沸性，乃入壶。假令沸水入壶，急揭盖以宣之。如经四凉杯者，水度乃合。

香味 茶秉荷气，惟浙江安徽为然，而龙井为最。饮可五瀹，瀹则尽斟之，勿留沥焉。一瀹则花叶茎气俱足；再瀹则叶气尽，花气微，茎与莲心之味重矣；三瀹则莲心与莲肉之味矣，后则仅莲肉之味。啜宜静，斟宜小盅。

收藏 茶既焙，必贮瓮或匣中。取出窑之块灰，碎击平铺。上藉厚纸，叠茶包于上，要以不泄气为主。

产额 龙井岁产上品茶，如明前雨前者，千余斤耳。并粗叶红叶计之，岁额亦止五千斤上下，而名遍全国，远逮欧美，则赖龙井邻近之茶附益之。盖自十八涧至理安，达江头；自翁家山，满觉陇，茶树弥望，皆名龙井。北贯九里松，至栖霞，亦名龙井，然味犹胜他处。杭州所售者，则筧桥各地之产矣。

特色 龙井茶之色香味，人力不能仿造，乃出天然，特色一。地处湖山之胜，又近省会，无非常之旱涝，特色二。名既远播，价遂有增而无减，视他地之产，其利五倍，特色三。惟其然也，山巅石隙，悉植茶矣。乃荒山弥望，仅三三五五，偃仰于路隅，无集千百株为一地者。物以罕而见珍，理岂宜然。

（原载《越风》一九三七年增刊第一集，原题《龙井访茶记》）

方福泰茶庄广告，1929年

李叔同：
杭州这个地方，实堪称为佛地

李叔同（1880—1942），原籍浙江平湖，寄籍天津，1918年在杭州虎跑寺出家，号弘一，近代音乐家、美术教育家和佛学大师，音乐作品有《送别歌》《南京大学校歌》等。

杭州这个地方，实堪称为佛地；因为那边寺庙之多，约有两千余所，可想见杭州佛法之盛了。

最近越风社要出关于"西湖"的增刊，由黄居士来函要我作一篇《西湖与佛教之因缘》，我觉得这个题目的范围太广泛了，而且又无参考书在手，于短期间内是不能作成的。

所以现在就将我从前在西湖居住时，把那些值得追味的几件零碎的事情来说一说，也算是纪念我出家的经过。

我第一次到杭州，是光绪二十八年，七月。

在杭州住了约莫一个月光景，但是并没有到寺院里去过。只记得有一次到涌金门外去吃过一回茶而已，而同时也就把西湖的风景，稍微看了一下子。

第二次到杭州时，那是民国元年的七月里，这回到杭州倒住得很久，一直住了近十年，可以说是很久的了。

我的住处在钱塘门内，离西湖很近，只两里路光景。在钱塘门外，靠西湖边，有一所小茶馆，名景春园，我常常一个人出门，独自到景春园的楼上去吃茶。当民国初年的时候，西湖那边的情形，完全与现在两样；那时候还有城墙及很多柳树，都是很好看的。除了春秋两季的香会之外，西湖边的人总是很少，而钱塘门外，更是冷静了。

在景春园的楼下，有许多的茶客，都是那些摇船抬轿的劳动者居多。而在楼上吃茶的就只有我一个人了，所以我常常一个人在上面吃茶，同时还凭栏看看西湖的风景。

在茶馆的附近，就是那有名的大寺院——昭庆寺了。我吃茶之后，也常常顺便地到那里去看一看。

当民国二年夏天的时候，我曾在西湖的广化寺里面住了好几天，但是住的地方，却不是在出家人的范围之内，那是在该寺的旁边，有一所叫作痘神祠楼上的。

痘神祠是广化寺专门为着要给那些在家的客人住的，当时我住在里面的时候，有时也曾到出家人所住的地方去看看，心里却感觉很有意思呢！

记得那时我亦常常坐船到湖心亭去吃茶。

曾有一次，学校里有一位名人来演讲，那时，我和夏丏尊居士两人，却出门躲避，而到湖心亭上去吃茶呢！

当时夏丏尊曾对我说："像我们这种人，出家做和尚倒是很好的！"

那时候我听到这句话，就觉得很有意思，这可以说是我后来出家的一个原因了。

到了民国五年的夏天,我因为看到日本杂志中,有说及关于断食方法的,谓断食可以治疗各种疾病。当时我就起了一种好奇心,想来断食一下,因为我那个时候,患有神经衰弱症,若实行断食后,或者可以痊愈亦未可知。要行断食时,须于寒冷的季候方宜,所以我便预定十一月来作断食的时间。

至于断食的地点呢?总须先想一想,及考虑一下,似觉总要有个很幽静的地方才好。当时我就和西泠印社的叶品三君来商量,结果他说在西湖附近的地方,有一所虎跑寺,可作为断食的地点。

那么我就问他,既要到虎跑寺去,总要有人来介绍才对,究竟要请谁呢?他说有一位丁辅之,是虎跑的大护法,可以请他去说一说。于是他便写信请丁辅之代为介绍了。

因为从前那个时候的虎跑,不是像现在这样热闹的;而是游客很少,且十分冷静的地方啊!若用来作为我断食的地点,可以说是最相宜的了。

到了十一月的时候,我还不曾亲自到过,于是我便托人到虎跑寺那边去走一趟,看看在哪一间房里住好。

回来后,他说在方丈楼下的地方,倒很幽静的;因为那边的房子很多,且平常的时候都是关起来,客人是不能走进去的,而在方丈楼上则只有一位出家人住着而已,此外并没有什么人居住。

等到十一月底,我到了虎跑寺,就住在方丈楼下的那间屋子里了。

我住进去以后,常常看见一位出家人在我的窗前经过,即是住在楼上的那一位,我看到他却十分地欢喜呢!因此就时常和他来谈

193

话，同时他也拿佛经来给我看。

我以前虽然从五岁时，即时常和出家人见面，时常看见出家人到我的家里念经及拜忏，而于十二三岁时，也曾学了放焰口，可是并没有和有道德的出家人住在一起，同时也不知道寺院中的内容是怎样，以及出家人的生活又是如何。

这回到虎跑去住，看到他们那种生活，却很欢喜而且羡慕起来了！

我虽然在那边只住了半个多月，但心里头却十分地愉快，而且对于他们所吃的菜蔬，更是欢喜吃，及回到了学校，以后我就请用人依照他们那种样的菜煮来吃。

这一次，我到虎跑寺去断食，可以说是我出家的近因了。

及到了民国六年的下半年，我就发心吃素了。

在冬天的时候，即请了许多的经，如《普贤行愿品》《楞严经》及《大乘起信论》等很多的佛经，而于自己的房里，也供起佛像来，如地藏菩萨、观世音菩萨等的像，于是亦天天烧香了。

到了这一年放年假的时候，我并没有回家去，而到虎跑寺里面去过年。

我仍旧住在方丈楼下，那个时候，则更感觉有兴味了。于是就发心出家，同时就想拜那位住在方丈楼上的出家人做师父。

他的名字是弘详师，可是他不肯我去拜他，而介绍我拜他的师父。

他的师父是在松木场护国寺里面居住的，于是他就请他的师父回到虎跑寺来，而我也就于民国七年正月十五日受三皈依了。

我打算于此年的暑假来入山，而预先在寺里面住了一年后，然后再实行出家的。

当这个时候，我就做了一件海青，及学习两堂功课。

在二月初五日那天，是我的母亲的忌日，于是我就先于两天以前到虎跑去，在那边背诵了三天的《地藏经》，为我的母亲回向。

到了五月底的时候，我就提前先考试，而于考试之后，即到虎跑寺入山了。

到了寺中一日以后，即穿出家人的衣裳，而预备转年再剃度的。

及至七月初的时候，夏丏尊居士来，他看到我穿出家人的衣裳但还未出家，他就对我说，既住在寺里面，并且穿了出家人的衣裳，而不即出家，那是没有什么意思的，所以还是赶紧剃度好。

我本来是想转年再出家的，但是承他的劝，于是就赶紧出家了。

于七月十三日那一天，相传是大势至菩萨的圣诞，所以就在那天落发。

落发以后，仍须受戒的。于是由林同庄君的介绍，而到灵隐寺去受戒了。

灵隐寺是杭州规模最大的寺院，我一向是对着它很欢喜的，我出家了以后曾到各处的大寺院看过，但是总没有像灵隐寺那么地好！

八月底，我就到灵隐寺去，寺中的方丈和尚却很客气，叫我住在客堂后面芸香阁的楼上。

当时是由慧明法师做大师父的，有一天我在客堂里遇到这位法师了。他看到我时，就说起既系来受戒的，为什么不进戒堂呢？虽然你在家的时候是读书人，但是读书人就能这样地随便吗？就是在家时是一个皇帝,我也是一样看待的。那时方丈和尚仍是要我住在客堂楼上,而于戒堂里面有了紧要的佛事时,方去参加一两回的。

那时候我虽然不能和慧明法师时常见面,但是看到他那种的忠厚、笃实,却是令我佩服不已的。

受戒以后,我就住在虎跑寺内。到了十二月,即搬到玉泉寺去住,此后即常常到别处去,没有久住在西湖了。

曾记得在民国十二年夏天的时候,我曾到杭州去过一回。那时正是慧明法师在灵隐寺讲《楞严经》的时候。

开讲的那一天,我去听他说法,因为好几年没有看到他,觉得他已苍老了不少,头发且已斑白,牙齿也大半脱落。我当时大为感动,于拜他的时候,不由泪落不止!

听说以后没有经过几年工夫,慧明法师就圆寂了。

关于慧明法师一生的事迹,出家人中晓得的很多,现在我且举几样事情,来说一说。

慧明法师是福建的汀州人。他穿的衣服却不考究,看起来很不像法师的样子,但他待人是很平等的。无论你是大好佬或是苦恼子,他都是一样地看待!

所以凡是出家在家的上中下各色各样的人物,对于慧明法师是没有一个不佩服的。

他老人家一生所做的事情固然很多,但是最奇特的,就是能教化"马溜子"(马溜子是出家流氓的称呼)了。

寺院里是不准这班马溜子居住的。他们总是住在凉亭里的时候为多,听到各处的寺院有人打斋的时候,他们就会集了赶斋去(吃白饭)。

在杭州这一带地方,马溜子是特别来得多。一般人总不把他们当人看待,而他们亦自暴自弃、无所不为的。

但是慧明法师却能够教化马溜子呢!

那些马溜子常到灵隐寺去看慧明法师,而他老人家却待他们很客气,并且布施他们种种好饮食、好衣服等。他们要什么就给什么,而慧明法师也有时对他们说几句佛法。

慧明法师的腿是有毛病的。出来入去的时候,总是坐轿子居多。

有一次他从外面坐轿回灵隐时,下了轿后,旁人看到慧明法师是没有穿裤子的,他们都觉得很奇怪,于是就问他道:"法师为什么不穿裤子呢?"他说他在外面碰到了马溜子,因为向他要裤子,所以他连忙把裤子脱给他了。

关于慧明法师教化马溜子的事,外边的传说很多很多,我不过略举了这几样而已。

不单那些马溜子对于慧明法师有很深的钦佩和信仰,即其他一般出家人,亦无不佩服的。

因为多年没有到杭州去了,西湖边上的马路、洋房也渐渐修筑得很多,而汽车也一天比一天地增加,回想到我以前在西湖边上居住时,那种闲静幽雅的生活,真是如同隔世,现在只能托之于梦想了。(高胜进笔记)

(原载《越风》一九三七年增刊第一集,原题《我在西湖出家的经过》)

郁达夫：
我打算先从"杭州人"讲起

讲述人生平同前。

杭州的出名，一大半是为了西湖。而人工的建设，都会的形成，初则是由于唐末五代，武肃王钱镠（西历十世纪初期）的割据东南，——"隋朝特创立此郡城，仅三十六里九十步，后武肃钱王发民丁与十三寨军卒，增筑罗城，周围七十里许。……"（吴自牧《梦粱录》卷七）——再则是由于南宋建炎三年（一一二九），高宗的临安驻跸，奠定国都。至若唐白乐天与宋苏东坡的筑堤导水，原也有功于杭郡人民，可是仅仅一位醉酒吟诗携妓的郡守的力量，无论如何，也是不能和帝王匹敌的。

据说，杭州的杭字，是因"禹末年，巡会稽至此，舍航登陆，乃名杭，始见于文字"（柴虎臣著《杭州沿革大事考》）。因之，我们可以猜想，禹以前，杭州总还是一个泽国。而这一个四千余年前的泽国，后来为越为吴，也为吴越的战场，为东汉的浙江，为三国吴的富春，为晋的吴郡，为隋唐的杭州，两为偏安国都，迭为省治，现在并且成了东南五省交通的孔道，歌舞喧天，别庄满地，简直又要恢复南宋当时的首都旧观了。

我的来住杭州，本不是想上西湖来寻梦，更不是想弯强弩来射潮，不过妻杭人也，雅擅杭音，父祖富春产也，歌哭于斯，叶落归根，人穷返里，故乡鱼米较廉，借债亦易，——今年可不敢说，——屋租尤其便宜，铩羽归来，正好在此地偷安苟活，坐以待亡。搬来住后，岁月匆匆，一眨眼间，也已经住了一年有半了。朋友中间晓得我的杭州住址者，于春秋佳日，旅游西湖之余，往往肯命高轩来枉顾。我也因独处穷乡，孤寂得可怜，我朋自远方来，自然喜欢和他们谈谈旧事，说说杭州。这么一来，不几何时，大家似乎已经把我看成了杭州的管钥、山水的东家。《中学生》杂志编者的特地写信来，要我写点关于杭州的文章，大约原因总也在于此。

关于杭州一般的兴废沿革，有《浙江通志》《杭州府志》《仁钱县志》诸大部的书在；关于杭州的掌故、湖山的史迹等等，也早有了光绪年间钱塘丁申、丁丙两氏编刻的《武林掌故丛编》《西湖集览》，与新旧《西湖志》《湖山便览》，以及诸大书局大文豪的西湖游记或西湖游览指南诸书，可作参考。所以在这里，对这些，我不想再来饶舌，以虚费纸面和读者的光阴。第一，我觉得还值得一写，而对于读者，或者也不至于全然没趣的，是杭州人的性格。所以，我打算先从"杭州人"讲起。

第一个杭州人，究竟是哪里来的？这杭州人种的起源问题，怕同先有鸡蛋呢还是先有鸡一样,就是叫达尔文从阴司里复活转来,也很不容易解决。好在这些并非是我们的主题,故而假定当杭州这一块陆土出水不久,就有些野蛮的、好渔猎的人来住了,这些蛮人,我们就姑且当他们是杭州人的祖宗。吴越国人,一向是好战、坚忍、刻苦、猜忌,而富于巧智的。自从用了美人计,征服了姑苏以来,兵事上虽则占了胜利,但民俗上却吃了大亏,喜斗、坚忍、刻苦之风,渐渐地消灭了,倒是猜忌、使计诸官能,逐步发达了起来。其后经楚威王、秦始皇、汉高帝等的挞伐,杭州人就永远处入了被征服者的地位,隶属在北方人的胯下。三国纷纷,孙家父子崛起,国号曰吴,杭州人总算又吐了一口气,这一口气,隐忍过隋唐两世,至钱武肃王而吐尽。不久南宋迁都,固有的杭州人的骨里,混入了汴京都的人士的文弱血球,于是现在的杭州人的性格,就此决定了。

　　意志的薄弱,议论的纷纭;外强中干,喜撑场面;小事机警,大事糊涂;以文雅自夸,以清高自命;只解欢娱,不知振作等等,就是现在的杭州人的特性。这些,虽然是中国一般人的通病,但是看来看去,我总觉得以杭州人为尤甚。所以由外乡人说来,每以为杭州人是最狡猾的人,狡猾得比上海滩上的滑头还要厉害。但其实呢,杭州人只晓得占一点眼前的小利小名,暗中在吃大亏,可是不顾到的。等到大亏吃了,杭州人还要自以为是,自命为直,无以名之,名之曰"杭铁头",以自慰自欺。生性本是勤而且俭的杭州人,反以为勤俭是倒霉的事情,是贫困的暴露,是与面子有关的,所以父母教子弟的第一个原则,就是教他们游惰过日,摆大少爷的架子。等空壳大少爷的架子学成，父母年老，财产荡尽的时候，这些大少爷们在白天，还要上西湖去逛逛，弄件把长衫来穿穿，饿着肚皮而高使着牙签，到了晚上上黑暗的地方去跪着讨饭，或者扒点东西，倒满不在乎，因为在黑暗里人家看不见，与面子还是无关，而大少爷的架子却不可不摆。至于做匪做强盗呢，却不会，决不会，杭州人并不是没有这个胆量，但杀头的时候要反绑着手去游街示众，与面子有关。最勇敢的杭州人，亦不过做做小窃而已。

唯其是如此，所以现在的杭州人，就永远是保有着被征服的资格的人，风雅倒很风雅，浅薄的知识也未始没有，小名小利，一着也不肯放松，最厉害的尤其是一张嘴巴。外来的征服者，征服了杭州人后，过不上三代，就也成了杭州人了，于是剃头者人亦剃其头，几十年后，仍复要被新的征服者来征服。照例类推，一年一年地下去，现在残存在杭州的固有杭州老百姓，计算起来，怕已经不上十个指头了。

人家说这是因为杭州的山水太秀丽了的缘故。西湖就像是一位"二八佳人体似酥"的狐狸精，所以杭州决出不出好子弟来。这话哩，当然也含有着几分真理。可是日本的山水，秀丽处远在杭州之上；瑞士我不晓得，意大利的风景画片我们总也时常看见的罢，何以外国人都可以不受着地理的限制，独有杭州人会陷入这一个绝境去的呢？想来想去，我想总还是教育的不好。杭州的家庭教育、社会教育、学校教育，总非要彻底地改革一下不可。

其次是该讲杭州的风俗了。岁时习俗，显露在外表的年中行事，大致是与江南各省相通的；不过在杭州像婚丧喜庆等事，更加要铺张一点而已。关于这一方面，同治年间有一位钱塘的范月桥氏，曾做过一册《杭俗遗风》，写得比较详细，不过现在的杭州风俗，细看起来，还是同南宋吴自牧在《梦粱录》里所说的差仿不多，因为杭州人根本还是由那个时候传下来，在那个时候改组过的人。都会文化的影响，实在真大不过。

一年四季，杭州人所忙的，除了生死两件大事之外，差不多全是为了空的仪式，就是婚丧生死，一大半也重在仪式。丧事人家可以出钱去雇人来哭，喜事人家也有专门说好话的人雇在那里藉讨彩头，祭天地、祀祖宗、拜鬼神等等，无非是为了一个架子。甚至于四时的游逛，都列在仪式之内，到了时候，若不去一定的地方走一遭，仿佛是犯了什么大罪，生怕被人家看不起似的。所以明朝的高濂，作了一部《四时幽赏录》，把杭州人在四季中所应做的闲事，详细列叙了出来。现在我只教把这四时幽赏的简目，略抄一下，大家就可以晓得吴自牧所说的"临安风俗，四时奢侈，赏观殆无虚日"的话的不错了。

一、春时幽赏：孤山月下看梅花，八卦田看菜花，虎跑泉试新茶，西溪楼唉煨笋，保俶塔看晓山，苏堤看桃花，等等。

二、夏时幽赏：苏堤看新绿，三生石谈月，飞来洞避暑，湖心亭采莼，等等。

三、秋时幽赏：满家巷赏桂花，胜果寺望月，水乐洞雨后听泉，六和塔夜玩风潮，等等。

四、冬时幽赏：三茅山顶望江天雪霁，西溪道中玩雪，雪后镇海楼观晚炊，除夕登吴山看松盆，等等。

将杭州人的坏处，约略在上面说了之后，我却终觉不得不对杭州的山水，再来一两句简单的批评。西湖的山水，若当盆景来看，好处也未始没有，就是在它的比盆景稍大一点的地方。若要在西湖近处看山的话，那你非要上留下向西向南再走二三十里路不行。从余杭的小和山走到了午潮山顶，你向四面一看，就有点可以看出浙西山脉的大势来了。天晴的时候，西北你能够看得见天目，南面脚下的横流一线，东下海门，就是钱塘江的出口，龛赭二山，小得来像天文镜里的游星。若嫌时间太费、脚力不继的话，那至少你也该坐车下江干，过范村，上五云山头去看看隔岸的越山，与钱塘江上游的不断的峰峦。况且五云山足，西下是云栖，竹木清幽，地方实在还可以。从五云山向北若沿郎当岭而下天竺，在岭脊你就可以看到西岭下梅家坞的别有天地，与东岭下西湖全面的镜样的湖光。

若要再近一点，来玩西湖，我觉得南山终胜于北山，凤凰山胜果寺的荒凉远大，比起灵隐、葛岭来，终觉回味要浓厚一点。

还有北面秦亭山、法华山下的西溪一带呢，如花坞、秋雪庵、茭芦庵等处，散疏雅逸之致，原是有的，可是不懂得南画，不懂得王维、韦应物的诗意的人，即使去看了，也是毫无所得的。

离西湖十余里，在拱宸桥的东首，地当杭州的东北，也有一簇山脉汇聚在那里。俗称"半山"的皋亭山，不过因近城市而最出名，讲到景致，则断不及稍东的黄鹤峰，与偏北的超山。况且超山下的居民，以植果木为业，旧历二月初、正月底边的大明堂外（吴昌硕的坟旁）的梅花，真是一个奇观，俗称"香雪海"的这个名字，觉得一点儿也不错。

此外还有关于杭州的饮食起居的话，我不是做西湖旅行指南的人，在此地只好不说了。

二十三年三月

（《达夫游记》，上海文学创造社一九三六年三月初版，
原题《杭州》）

郁达夫：
我可没有坐吃老婆饭的福分，不过杭州两字实在用腻了，改作婿乡，庶几可以换一换新鲜

讲述人生平同前。

一看到了婿乡的两字，或者大家都要联想到淳于髡的卖身投靠上去。我可没有坐吃老婆饭的福分，不过杭州两字实在用腻了，改作婿乡，庶几可以换一换新鲜；所以先要从杭州旧历年底老婆所做的种种事情说起。

我说："这些东西，做它作啥！"老婆说："横竖是没有钱过年了，要用索性用它一个精光，籴两斗糯米来玩玩，比买航空券总好些。"于是乎就有了粽子与枣饼。

第二，是年三十晚上的请客。我说："请什么客呢？到杭州来吃他们几顿，不是应该的么？"老婆说："你以为他们都是你丈母娘——据风雅的先生们说，似乎应该称作泰水的——屋里的人么？礼尚往来，吃人家的吃得么多，不回请一次，倒好意思？"于是乎就请客。

酒是杭州的来得贱，菜只教自己做做，也不算贵。麻烦的，是客人来之前屋里厨下的那一种兵荒撩乱的样子。

年三十的午后,厨下头刀兵齐举,屋子里火辣烟熏,我一个人坐在客厅上吃闷酒。一位刚从欧洲回来的同乡,从旅舍里来看我,见了我的闷闷的神气,弄得他说话也不敢高声。小孩儿下学回来了,一进门就吵得厉害,我打了他们两个嘴巴。这位刚从文明国里回来的绅士,更看得难受了,临行时便悄悄留下了一封钞票,预备着救一救我当日的急。其实,经济的压迫,倒也并不能够使我发愁,不过近来酒性不好,文章不敢写了以后,喝一点酒,老爱骂人。骂老婆不敢骂,骂佣人不忍骂,骂天地不必骂,所以微醉之后,总只以五岁三岁的两个儿子来出气。

天晚了,客人也到齐了,菜还没有做好,于是乎先来一次五百攒。输了不甘心,赢了不肯息,就再来一次再来一次地攒了下去。肚皮饿得精瘪,膀胱胀得蛮大,还要再来一次。结果弄得头鸡叫了,夜饭才兹吃完。有的说:"到灵隐天竺去烧头香去罢!"有的说:"上城隍山去看热闹去罢!"人数多了,意见自然来得杂。谁也不愿意赞成谁,九九归原,还是再来一次。

天白茫茫地亮起来了,门外头爆竹声也没有,锣鼓声也没有,百姓真如丧了考妣。屋里头,只剩了几盏黄黄的电灯,和一排油满了的倦脸。地上面是瓜子壳、橘子皮、香烟头,和散铜板。

人虽则大家都支撑不住了,但因为是元旦,所以连眨着眼睛,连打着呵欠,也还在硬着嘴说要上哪儿去,要上哪儿去。

客散了,太阳出来了,家里的人都去睡觉了;我因为天亮的时候的酒意未消，想骂人又没有了人骂，所以只轻脚轻手地偷出了大门，偷上了城隍山的极顶。一个人立在那里举目看看钱塘江的水，和隔岸的山，以及穿得红红绿绿的许多默默无言的善男信女，大约是忽而想起了王小二过年的那出滑稽悲剧了罢，肚皮一捧，我竟哈哈、哈哈、哈哈地笑了出来，同时也打了几个大声的喷嚏。

回来的时候，到了城隍山脚下的元宝心，我听见走在我前面的一位乡下老太太，在轻轻地对一位同行的中年妇人说："今年真倒霉，大年初一，就在城隍山上遇见了一个疯子。"

（原载《人言》周刊一九三四年三月三日第一卷第三期，据《闲书》，原题《婿乡年节》）

陶行知：
西湖的危机，已经到了不可不注意的地步了

陶行知（1891—1946），安徽歙县人，现代教育家、思想家，著有《中国教育改造》《中国大众教育问题》和《行知诗歌集》等。

一、杭州大学之天然环境
——一封公开信

未来的杭州大学校址，在凤凰山下面，是从前的敷文书院。大学范围，并不限于书院旧址。凡左近之山脉，都包括在内，约有一两千亩的面积。后面四五个山峰，并立如掌扇；东边的之江，西边的西湖，都近在咫尺。登高一望，杭、嘉、湖、绍四属数百万的生灵，还有那无边无际的东海，都在眼中，不住地引人向那远处、大处默想。我一面看一面问，中国还能找出第二个像这样好的大学校址吗？不独在中国，就在世界上，像这样的校址，能有几处呢？我方到敷文书院面前的时候，还不觉得十分奇特，但越走上去，越觉得它的妙处。选择这个校址的人，能从敷文书院大胆地将它一直伸到凤凰

山顶，包到凤凰山后，这是何等的魄力，何等的目光！

近一二年来，国内预备要设立的大学，不下十多处，关于筹备重要问题之一，即为校址之选择。因为天然环境和人格陶冶，很有密切关系。省立大学为一省人才教育之总枢，校址一层，更不容忽略。

我对于选择大学校址，亦曾受过一二次之委托，虽始终未曾实现，心目中却悬过几个目标，以为寻访之依据。我心里所悬的目标有五：一要雄壮，可以令人兴奋；二要美丽，可以令人欣赏；三要阔大，可以使人胸襟开拓，度量宽宏；四富于历史，使人常能领略数千百年以来之文物，以启发他们光大国粹的心思；五便于交通，使人常接触外界之思潮，以引起他们自新不已的精神。我拿这五种标准参观过国内大学二十余处。比较好一点，国立的有东南大学，外国人设立的有之江大学和香港大学。这三个学校校址，各有所长，就中天然环境，要推之江大学为第一。但要想看一个尽善尽美、完全令人满意的大学校址，却没有找到。

听见杭州大学校址已经选定的时候，即想过来看看。这次陪仲述先生来杭，参观学校，并得大学董事何炳松先生指导，用了半天的工夫，特为地去看杭州大学校址，不料数年来梦寐中之理想大学校址，居然有亲见之机会，可谓有眼福了。杭州既有这样近于理想的一个校址，又有沪杭铁路为它与外界沟通，应该能够罗致第一流的导师，培养第一流的人才，创造第一流的学术。杭州大学的前途岂可限量？岂可限量？

杭州大学是中国省议会第一次自动建议置的大学。我希望浙江省议会，不但建议，还要使它实现。听说因为经费困难，省议会怕增加人民负担，尚在犹豫不决。人民代表体谅人民的经济能力，是应当的；但他们的责任不是为人民省钱，是为人民用钱用得得当。我深信杭州大学是浙江人民未来幸福之泉源。用钱办这个大学，不是为人民耗费，乃是为人民保险储蓄作最有益的投资。这种代人民服务的机会，是不容易得的。若让它空空地失去，未免可惜。

现在校址已经选定了，如同做母亲的怀了孕，已经把未出世的小孩子所要坐的摇篮都预备好了。我们来做客人的，只望它早日添丁，使得我们也可以得几个红鸡蛋吃。若只为省钱的缘故，就不惜将已成之胎打将下来，这就要叫我们大失所望了。

将来的趋势，每省恐怕至少要有一个大学。我郑重地对现在和将来各省省立大学筹备员介绍一句话，在校址未选定之前，最好来看看杭州大学的校址。虽然不能省省都找到这种好校址，但看了之后，对于大学校址的要素，总能得些具体的观念，至少可以不致走错路了。

十二年春

二、西湖之危机

——给杭州朋友的公开信

西湖的危机，已经到了不可不注意的地步了。这危机就是上海化的趋势。我每年必到西湖游览一二次，觉得这种趋势，咄咄逼人，近来更甚。如果再不说几句话,心里实在有些不安了。

上海化是什么?

上海化第一是忙。人生要忙也要玩。上海的忙人到西湖里来玩玩,我们是很表同情的。但是最要紧的是,忙的时候忙,玩的时候玩。若是忙的时候玩,玩的时候忙,都是错了。我们到西湖里来,最重要的是看风景。西湖里的景致,随处都有,必定要从容地去欣赏,才能得到它的妙处。但是上海来的人,忙得很,嫌自己的腿慢,要坐东洋车;嫌东洋车慢,又要坐汽车。我们觉得走马看花,比他们所得的还要多些。我们只觉得最不上算的事,无过于坐汽车游西湖。这还事小,我们游湖的人,看见汽车来了,也就跟着它忙个不了。身体忙让,眼睛忙眹,鼻息忙停,心头忙跳,直到汽车尽过,才慢慢地复原。一人豪放,使得大家都受累不安,实在说不过去。世界文明国的公园里,多不许坐汽车。西湖全部都是个公园。为维持同乐起见,湖滨大路,是应然绝对禁止汽车通行。听说自汽车通行以来,已经冲死了十几个人。我们为维持公安尊重人命起见,希望永久地停止它们才是。湖滨的路是人的路,不是马路,更不是汽车路。我们防止上海化的第一件事,就是要禁止汽车在湖滨路上通行,就是要使人玩的时候不能忙。

上海化第二是俗。怎样叫俗?凡不合美术的调和观念的就是俗。灵隐寺里新上任的财神菩萨,是一个例。最俗的无过于西湖里红顶装烟囱的洋房了。西子穿西装,总不相称。西子穿上不中不西的装束更不称了。我希望杭州大学将来的校舍,外表采用中国式的建筑,为与环境调和做个表率。人工只可增进天然的美感，断不可将它败坏。我还希望以后在湖边造房子的人，未造之先，必求自己的房子和四周风景联为一气；目光要射在四周，不可专注在自己的房子上。所以，防止上海化的第二步，是要提倡符合风景的建筑，使一切俗的房屋自己害羞。

上海化第三是私。十座哈同式的花园，可以把西湖封锁起来，我们曾注意到吗？我提议环湖大路要筑在房屋和西湖之间。如此，方可免于封锁的危险。所以，防止上海化的第三件事，就是严立规章，使凡应公开的都不让私人占去。

防止上海化的责任，要谁担负呢？第一是杭州人，第二是上海来的人。上海人只可带些西湖化到上海去，决不可带点上海化到西湖来，我们愿意有西湖化的上海，决不愿有上海化的西湖。杭州人，以地位说，是西湖的主人翁。他们应该一面防止上海化进口，一面削除上海化的根株。防止削除的方法：一要舆论，二要实力，运用舆论和实力，以保存西湖本来之真面目而光辉之，是杭州人不可推卸的责任。

十二年春

三、杭州过中秋

—— 家信

母亲，纯妻，渼妹，大、小、三桃：

前夜在烟霞洞里过中秋。和尚复三和他的太太请适我做陪客。很有特别意味。昨天坐船到花坞游览，复三和家、适之、适之的表妹、高梦旦先生和我同去。花坞有万根竹子的大竹林，真是见所未见，我那时身外的清景内的清心两两相照，兴致十倍。

明天到海宁看潮。明晚回沪。

十二年九月二十七日

（《陶行知全集》第五卷，湖南教育出版社一九八五年六月初版）

胡适与表妹曹诚英在杭州烟霞洞　摄于 1923 年 9 月

徐宝山：
杭州的风俗，向来是趋重于奢侈的一方面：住的房子是华好高大，穿的衣服也色色入时

讲述人为民国时期作者，具体事迹不详。

杭州为钱塘江下流的天然良港，也是浙江省沿海的三大商港——杭州、宁波、温州——之一。从前秦汉的时候，已经设有县治；三国以来，历代都看作一个财赋的渊薮；隋代开始筑造城垣，周围共长三十六里；五代时候，吴越两国，以杭州作都会，便再加扩充，把个杭州城造得周围七十多里长；从汉朝到唐朝，一千多年以来，钱塘江里面的泥沙，慢慢地堆积在武林山下，便造成一个膏腴沃野的杭州。照这样看起来，可以晓得秦汉时代的杭州，它的位置是在山里；一到唐宋时候，便迁移在平原之地了。

杭州在唐代贞观的时候，已经有十一万多的居民。它的形势，南有大江，北有运河，鱼米的出产很多，商贾的往来也极盛；而且湖山的美丽，风物的繁华，简直比苏州要胜过好几倍。等到南宋建都，改为临安府，风帆出没在钱塘江上，百姓又是财富的居多，那

时候的杭州，要算是极盛的时候。因为自从南渡以后，杭州是个京都，一百几十年来，户口一天一天增多，做买卖的也一天一天地发达，街坊桥道，横的直的都是一所一所的院落，京城内外几十万的户口，处处都有茶坊、酒肆、果子、绒线和香烛等等的店铺。当时通用的货币，是以铜钱为单位，还有印造的"会子""关子"，好像现在的钞票一样，市面上也极流通的。

杭州左有钱塘江，右有西子湖，形势极其优美。西湖的风景，一年四季都没有尽穷。南渡以后，衣冠人物，纷纷聚会，它的盛况更非从前可比。水堤一带，尽排着贵宦人家的宅第，湖山上面，也都是梵刹琳宫点缀着；黄昏时候，只看见湖里的画楫轻舫，如穿梭也似的来来去去；大大小小的船只，只只是精巧绝伦，至于豪富的人家，更多自造采莲船，船顶上用青色的或是白色的布篷撑着，装饰得格外精致。湖上四时的风景，各不相同，因此游湖的人们，也都觉得西湖的可爱，益发没有尽期了。

杭州的风俗，向来是趋重于奢侈的一方面：住的房子是华好高大，穿的衣服也色色入时。南宋时候，天下太平日久，其时的君主，都抱着"与民同乐"的主义，所以满城的士女，也渐渐地偷于安逸的习惯；如果遇到佳节良辰，往往灯火迎赛，举市若狂。现在一一叙述在下面：旧历正月元旦日，男男女女，老的幼的，美的丑的，总都要换着一身新鲜的衣服，于是你到我家来恭喜，我到你家去拜年，熙熙攘攘，络绎于途，一家们团坐饮宴，或者是游嬉笑语，或者是游玩风景，整整的一天，没有片刻的休息。

正月十五日，是元宵节，路上罗绮如云，只听见一片笙箫鼓笛的热闹，家家点着红亮亮的烛火，照耀得如同白昼一般。街坊上一处一处管弦的声音，夹杂着新奇巧制的灯彩，连亘到十余里之长，真是耳不暇听，目不暇接！这时节满城的仕女们，穿着华丽的新装，彼此互相夸赛，好像是山阴道上，令人来不及应接的一般！

三月初三日，恰好是暮春之初，晋时已经有曲水流觞，唐时更有踏青的故事；杜甫《丽人行》说得好："三月三日天气新，长安水边多丽人。"真是描写得淋漓尽致呢！

清明节前一天叫作寒食节，一家家的门首，都遍插着一条条的柳枝，青翠得令人可爱；有的到郊外去祭扫坟墓，但见百花怒放，车马塞途，杭城的人士，这时候正在春风鼓舞中呢！

四月初八是我佛如来的诞日，凡是寺院里面，都要举行一个浴佛会，铙钹钟鼓的声音，敲得镇天价响；这一日西湖里面，也要举行一个放生会，慈善的男女们，都尽量地把龟鱼螺蚌一类的水栖动物买来，划着小小的船，悉数地把它们放在湖里。

五月初五日为端午节，正是"葵榴半艳，栀艾争香"的时候；富贵的人家，角黍包金，菖蒲切玉，一家家庆赏佳节；就是贫苦的人家，也都快快活活地及时行乐呢！

七月初七日为七巧节，夕阳下山的时候，小儿女们都换穿新衣，往来嬉戏，极其快乐；中人以上的人家，便在高楼危榭的里面，安排着丰盛的筵会，陈列着各色各样的瓜果，欢天喜地地庆赏这一个良宵。

七月十五日为中元节，杭俗称为"鬼节"，人们或者在家里，祭享祖先，或者到郊外拜扫坟墓，这一天杭城的男女，茹素的居多，屠户也因此罢市一天。

八月十五中秋节，这一夜的月色，格外光明，叫作"月夕"；街头做买卖的小贩，直做到五鼓天明，方才罢歇；赏月的游人们，躁躞在街头巷口，有的到天晓都还不肯归休。

八月十八日是钱塘江潮水最盛的时候，潮水快要来的时候，有几百个会泅水的小孩，披着头发，手里拿着一面大彩旗，争先鼓勇，迎着潮水赶将下去，出没在鲸波万仞的里面，令人看了咋舌！有钱的看客们，便把钱财赏给他们，鼓励他们的勇敢，这时候江干上下，十几里路以内，但见车如流水马如龙，没有一些些空隙的余地。

冬季的时候，如果碰着天降瑞雪，便都开筵饮宴，塑雪狮哟，装雪山哟，极其兴高采烈；比较高尚些的，也都蜡屐出游，或者玩游湖山胜景，啸傲于山水之间，或者咏曲吟诗，清兴尤为不浅。

除夕那一天，家家户户，把门墙粉饰得清清净净，钉起桃符，贴上春联，预备着过新年；一到上灯时分，便把香花供佛，祭祀祖先，爆竹的声音，接二连三地劈啪不绝！

杭州的居民，据最近的调查统计，约有七十五万人口；性和平，从来没有执兵器自卫，或是和别人无端寻衅的事情；做工的，做商的，和生客往来，也都诚实无欺，丝毫没有假诈的举动；他们的性格，向来是看重信用，即使看见路人，也好像自家们一般，没有半点猜忌的观念的。

杭州从古以来，便多火灾为患，它的原因，大约有五：第一因为居民稠密，房屋的构造太连紧；第二因为板壁居多，用砖瓦造的房子很少；第三杭州人迷信极深，差不多家家奉佛，户户烧香，堂前点设灯烛，容易引火；第四如遇佳节良宵，便多夜饮无禁，仆婢们辛苦酣倦，以致烛烬乱抛；第五当家的主妇，娇懒的居多，炉灶间有时失于检点。有了以上的五个原因，所以杭州的居家，祝融氏（火神）往往容易逞虐。从前南宋建都，城中大火，竟有二十一次之多，有一次在宁宗嘉泰元年三月二十八日，失火延烧五万二千四百多家，三十多里长的地面，竟变成一片焦土！后来防御渐渐周密，火患也比较减少，现在的杭州市政府成立，对于火患一层，尤其是格外注意呢！

杭州做生意最出名的，有"五杭四昌"。怎样叫"五杭"呢？就是杭扇、杭线、杭粉、杭烟、杭剪便是。扇店现在要推舒莲记为第一，其次是张子元；线店要推张允升；粉店要推孔凤春；烟店要推宓大昌；剪刀店要推张小泉；此外也就不大闻名了。怎样叫作"四昌"呢？那就是素负盛名的四大南货店了：一曰顾德昌，二曰胡宏昌，三曰冯仁昌，四曰胡日昌。现在仅有一家胡宏昌，还巍然独存；其余的三家，可惜都先后停闭了！

杭州的地位，恰好扼住钱塘江的咽喉，前清光绪二十一年订立《马关条约》的时候，和江苏省的苏州，同时开做商港。可惜杭州湾离海太远，稍为大些的汽船，不能够进得口来，所以商埠便在城北十里的拱宸桥，跨住大运河的两岸。杭州在南运河的终点，小汽船可以往来于嘉兴、吴兴和江苏的苏州、镇江等处，沪杭铁路直达上海，杭江铁路可达浙西江山。附近一带，物产富饶，可称中国的宝库。城内分做南北中三区：南是上城，中是中城，北是下城。最热闹的要算上城，至于下城，因为曾经洪杨的变难，到如今元气未复，人烟也还极少。每年西湖香泛期内，商情最佳，杭垣一次春香贸易，约有二百万元的收入。省城大半工商，都靠这个时期为一岁的生活。出口货有丝、茶、绸缎为大宗，进口货以火油、白糖、纸烟、肥皂、海味等居多数。

(《中国游记选》，孙季叔编，上海亚细亚书局一九三四年九月初版，原题《杭州的风俗》)

郭挹清：
杭州的环境，可以使你把坏性子改成好性子

郭挹清，民国时期文人，著有《中学作文法》《手头字概论》等，生平不详。

杭州真是一个好所在，有真山真水，也有柏油马路和骑巡队。不要说别的，单就自从"长毛"造了反之后，一直不曾受过兵灾这一点讲，在现在的中国，真够得上称作"天堂福地"了。

我就在这"天堂福地"里，前后住了十多年。这十多年的生活真过得舒服，舒服得像躺在"大汤"里，打不起精神爬出来，也不想爬出来。

住在杭州，不曾有过刺激的事，也不会有紧张匆迫的心绪。虽然雷峰塔的倒塌，是杭州百年来唯一的损失，也是使杭州人心弦紧张的事，但不久也就过去了。平时总是可以缓缓地做事，缓缓地吃饭，缓缓地走路，过的是平安舒泰的日子。

杭州的路上，好像只有闲游的人，没有赶事的人的，一个个踱着方步，看看四景。也有不少黑牌子白牌子的汽车，可是在路上是

要汽车让人，人是不大让汽车的。在马路当中，人在前面踱，汽车在后面都都叫，人回转头来看一看，才斜向路边走几步，从不着慌横避；有时人仍在马路当中依着直线踱，汽车走一个弧形赶到人的面前，又在都都地叫。这样的镇静的工夫，从容的态度，再也用不到政府三申五令的。

朋友相聚，总得叙一会旧情。过去你怎样我怎样，或是发一会牢骚，或是扼腕叹息一会，大家觉得黄金时代是过去了。大家对于过去的事，真记得牢，不论是关于个人的，或是关于整个杭州的。我有一个朋友，年纪是四十岁光景，有一天在西湖船上，遥指那凤凰山的半山对我说："那是'长毛'在某月某日（这个日子我当时记住的）破进杭州城的地方。"长毛进杭州城一共杀掉三个人，一个在凤山门口，一个在府台衙门前，一个在某地（这地名也是我忘记的）。不但我的朋友如此，就是船夫们也会告诉你乾隆皇帝题十景，或是白居易造白堤的故事，真谈得娓娓动人，好像也曾经亲眼见过的。杭州人所崇拜纪念的是白太傅、苏东坡、乾隆皇帝；所留恋可惜的，是小康皇帝朱天君。

杭州究竟也是个南朝圣都，凡是京都，它的住民总是带一点风雅的气度，尊敬的礼貌的；杭州自然也不会例外。梅树的光干上有了几颗绿芽，人们便上孤山灵峰去探梅；六月里三潭印月开了三五朵荷花，九曲桥头已挤满着人；八月，是跟到满觉巷看桂花；九月，上公园汪庄赏菊花。至于他们的懂得礼貌，从他们对你的称呼上就可以知道。不论划船的舟子、拉黄包车的车夫，或是卖花生米豆腐干的,或是商店的伙计老板,和你有交接的时候,总是你老人家长、你老人家短地对你说,虽然你还是个光下巴的小伙子,有时你生了一点气,他们的回答是:"是!是!你老人家何必动气呢。"其实在杭州也根本很少使你生气的事情的。

　　杭州的环境,可以使你把坏性子改成好性子。从四处到杭州来读书的学生子,只要住上半年,便都安分守己起来。他们的成绩大致很好,教科书总是读得烂熟的。他们不致花费几个钱去买一本新出版的"闲书",尤其是文学书,因为这对于学业成绩不会有益处。杭州没有跳舞场,所以用不到学校当局和警察合作来检举学生跳舞。影戏馆有几家,可是也不大容易赚到学生子的钱。闲暇的时候,到湖滨公园去荡一个转身,或在断桥上痴立一会儿,也就消除了青年的烦闷了。

　　现在的中国,只有杭州是杭州人理想的地方。虽然近年来,大小千多家机坊,只剩了百把家,平添了一大批不认识路的黄包车夫;但顶会闹事的,原只有这一班机坊鬼儿,现在他们除了拉车之外,有的跑到上海去了,有的回到老家去了,剩下的杭州可更太平舒服了。杭州人想,只要西湖不变陆地,钱塘江的潮水不泛进凤山门,杭州总是永远太平的,杭州人的生活总是永远舒服的。

(《幽默的叫卖声》,上海生活书店一九三五年十月初版,

原题《话说杭州》)

倪锡英：
人们，对于杭州的生活，都怀着一种希望和依恋的态度

倪锡英（1911—1942），江苏无锡人，民国时期青年作家，编著有《儿童知识文库》及《都市地理小丛书》等。

没有到过杭州的人，希望能到杭州去游览一次。既到了杭州的人，希望能在杭州多住些日子。人们，对于杭州的生活，都怀着一种希望和依恋的态度，这到底是为了什么呢？不用说，那是因为杭州有这样美的湖山，勾住了人们的心；同时，杭州的日常生活上给与人们温馨的感受，使投入她怀里的人，都不忍匆匆地便舍开去。

无数的人们都生活在杭州的怀抱里，有的是世代相居的本地人，有的是职业驱策下的外乡人，还有些是负笈他乡的莘莘学子，还有些是息影山林的湖上寓公。这一辈人，对于杭州是有较长时期的接触，在生活上当然体味得更深。除此以外，还有每年香讯时节的香客、春夏两季的游人，他们虽然只和杭州亲昵了一下便离去了，但是在匆匆的几天游程中，也能约略地体味到杭州生活的滋味。

在这种种不同的人们生活下的杭州，我们如果要把杭州的生活

印象作一个剖析的叙述，那么因为各人处境的不同，生活的方式也可以分成几种不同的看法：第一，先说湖上寓公们的生活，这辈人，大多是有钱的资本家或是政治要人，他们对于杭州，是怀着"占有心"的，把湖山胜景，也当作商品看待，在湖滨或是山间，自己看到了一个合意的地方，便花钱把地皮买下来，再建起楼台亭阁，造成一个别墅，西湖上的庄园特多，全是这种别墅式的建筑，普通盖着庄园的人，都喜欢用自己的姓和那个庄字联起来，作为那个别墅的名字。如同"汪庄""刘庄""康庄""蒋庄"等等，都是以姓氏来题名的。在平时，那些庄园的门是常常关着的，逢到阳春三月或是溽暑的季节，那些主人便带着妻子童仆来住下了，他们住的时间不会很久，至多住上一两个月，当他们对于湖山发生了厌倦的时候，他们便又将整装归去，留待到明年再来。还有一种比较清高一点有艺术或文学素养的富人，他们便在湖上盖起什么"庐"、什么"居"，作为个人息影的处所。每天，在案上焚起一炉香，沏上一壶热茶，对着湖山吟诗作画，过着闲情逸致的生活。这一种人，是最幸福的，他们是把杭州的湖山作为享乐的资料，整个的生活，便是无忧无虑地享乐生活。

　　第二，再说职业驱策下的人们的生活，这一类的人，大约是到杭州来经商或办学的，他们到杭州来的目的，当然不是来享乐，而是来从事于自己的职业，职业的生活处处是受约束的，普通一个机关的职员或是学校的教师，他们在杭州的生活，大概是感到舒适的，一星期中，经过了六天的工作，到第七天上一定要投向湖山的胜处作一度畅游了。这种职业的杭州生活，处处可以找到安慰。他们在工作的余暇里，把西湖当作一个大公园，有时沿着湖滨散步，有时放舟在湖心里荡漾，有时登山越岭去探寻湖上诸山的胜景，在他们的休闲生活过程中，可以找到种种娱乐和游赏，当然能够减少他们在职业上的许多痛苦。

第三，要说到杭州学生的生活，我们可以拿国立艺专的学生来做个代表。艺专的校舍是在孤山南麓的罗苑，一面临着湖，一面对着山，学校的四周，便是一个乐园，因此生活在乐园里的学生，都是饶有十分艺术的意味。他们在校外赁着宿舍居住，有的借宿在孤山的寺院里。早上一起身，他们便在轻烟笼织的湖滨散着步，在他们眼睛所接触的、耳朵所听到的，便是一幅美丽的图画、一支和谐的乐曲，环境给他们以种种艺术上的资料，他们可尽量吸取。当着课余的时候，那孤山道上全是他们的人，有的在漫步谈天，有的在运动场上打球。遇到星期或是假日，在西湖附近的山里，到处可以看见留着长长的头发，携着写生器具的许多青年学生，在勤恳地把湖山的美景，描到他们的画纸上去。这种生活，可说是纯艺术的生活。至于杭州城里各校的学生，他们虽然不能如艺专学生一样的朝夕与湖山伴在一起，但是至少在课后或假日，可以畅快地出来游览一次，调剂他们一周间受课的生活。别处的学生每逢寒暑假期，是巴不得放假日子的到临，便想赶早溜回去了，只有杭州的学生，就是放了假还要迟迟乎行，有些简直便忘记了故乡，在杭州度过寒暑假。

第四，我们要说到在杭州过着短期生活的人们，这些大概都是香客和游人，以每年春季为最多。香客们大半是江浙两省乡间来的农民，他们到杭州来的时候，不怕路程的遥远，不计时日的长短，坐着烧香船，从大运河里一橹一篙地向杭州进发。因为路程的辽远，舟行的迂缓，他们在路上最少要经过几天几夜的时间，在这样苦闷的舟中，他们便同声宣读着佛号，以解厌闷。到了杭州以后，他们的船大都停在北门外松木场一带，白天里便背着黄布袋，挂着拐杖，向湖滨各大寺院去进香，灵隐、三竺是他们必到之地，他们在人头挤挤烟气氤氲的佛殿上，虔诚地拈上香，向菩萨叩了头，高声宣念佛号，这样一寺又一寺地，把湖滨所有的大小寺院，全都拈过香，他们对于杭州来的任务便算完毕了，心上感到愉快与满足，再留些日子，便将解缆归去，他们这种生活，仍旧保持着多量古朴的意味，可以说是古典型的杭州生活。他们在客居杭州时的日常生活是很俭省的，吃饭不上馆子，船上自己有炉灶，大家都是吃素的，青菜淡饭当然是不难安排。晚上也无须住旅馆，把船舱当作一张大床，各人都带有被盖，横下去便可入睡。白天里，当他们去进香时，也是成群结队地步行着，人力车是与他们无缘的，汽车更不敢坐。他们一伙儿是这样迂缓地、迂缓地，沿着湖滨大道向前进，一面走一面还要滔滔不绝地讲着话儿，湖山的景色在他们脚趾的移动下，是显得格外的和平静穆，此时倘有一辆汽车载着几个倩装的男女在他们身旁疾驶过去时，恰好是两个新旧不同的对比。

至于普通的游人，他们到杭州的目的，纯粹是为游览而来的，他们要顾到时间的经济，要顾到费用的经济，他们的生活，当然也处处在经济上打算。当他们赶到杭州来的时候，大多是在春假里或是春季的旅行时节。到了杭州以后，如果当地没有熟人的话，便得找旅馆歇宿，吃饭便得上饭馆，出门去时因为路径的生疏，是非舟车不行的，因此，每一个到杭州的游人，他们日常的花费，每天至少要在三元左右，如果要吃得讲究一点，住得舒服一点，那每天便需十元以上。这是以一个人做单位的计算法，倘若和旁人合伙一同上杭州，那么便可经济得多。就是出去游玩的时候，也可以不必全赖舟车，有些地方是非步行领略不到真实的佳景的。所以普通到杭州去游览的人，都喜欢找了几个同伴一同去，这非但在生活上有种种便利，就是在游程上也可增添许多兴趣。

最后，我们要谈到杭州本地人的生活情形，杭州本地人的生活，可以拿"悠闲"两个字来概括。杭州在南宋时曾建为都城，因此杭州的居民不免还沾染着一种官家的派头，杭州的语言至今还是脱不了"蓝青官话"的腔音，可说也是受了南宋时建都的影响。比较有钱有势的人，都喜欢摆个阔场面；就是中等人家，他们的生活也处处显得很大方的。衣食住三者，杭州人都可说是"得天独厚"，除了这三者以外，更有一个"天造地设"般的西湖，做他们日常消闲的地方，因此杭州人的生活，便显得很悠闲了。一家人空着的时候，便叫个小划子，到湖心里去兜个圈儿，高兴起来，到附近的山上逛一阵子，玩腻了时再到湖滨新市场一带的游戏场里去换换口味，一年四季中，在杭州人尽有许多新鲜的玩意儿，每月有一个中心的活

动,如下表所示:

一月,游吴山各庙,初八日烧八寺香。到孤山西溪等处踏雪探梅。

二月,十九日天竺建观音会,男男女女,都到三竺去烧香。

三月,到灵隐天竺赶香市。清明节日,家家到城外去上坟。

四月,四月初八日释迦牟尼诞日,又名浴佛节,僧尼建起龙华会,全城士女到各寺庙烧香,买龟蛇放生。

五月,黄梅时节,到九溪十八涧听泉,云栖韬光看竹。

六月,六月十九日观音诞日,先一日夜间到三竺去烧香。停舟湖心,放荷灯取乐。

七月,三潭印月赏荷,坐在划子上看七巧云。

八月,中秋节日,在平湖秋月赏月;十八日,到钱塘江边观潮。

九月,重阳节登高,到满觉陇看金桂。

十月,孤山公园举行菊花展览。

十一月,入山看红叶。

十二月,断桥赏雪景。

这是杭州人一年间的生活表,从这张生活表上,我们可以看到杭州人的生活,是被两个极大的潜力支配着。一个是佛教上的各种节目,一个是湖上四时花木之胜,杭州人生活到这种良辰美景,是会及时行乐的,这种行乐,多半是含着宗教的色彩和艺术的意味。

以上可说是杭州生活的横切面,如果我们用纵的目光来观察杭州的生活,也有很多可以称述的地方。

在衣食住三项生活要素中，杭州人最讲究的是"食"，因此，杭州著名的食品也特别多。单就佐膳的菜蔬来说，名目就很多。在春季里有各山新出的嫩笋，合上初出水的塘鳢鱼炒起来，真够味儿。还有一种醋熘鱼，也是著名的食品，把鲜鱼和上酱醋藕粉同煮，鲜嫩可口。醋熘鱼做得最好的要推杏花村。此外还有一种家乡肉，一种蒋腿，可以说是肉类中的上品。素食出名的有一种莼菜，产在三潭印月，样子很像一张张极小的荷叶，吃到嘴里去腻滑滑的，但是味道很鲜美，市上有装着绿瓶子出卖的，专门售给茹素的香客们。

小吃的各类也很多，最著名的如藕粉、山核桃、卤橄榄等。藕粉是用开水调着吃的，用花盒子装着，游杭州的人都要买许多回去送人，其实杭州并不产藕，所谓藕粉，只是一种菱粉和山薯粉的替代品。山核桃像小桂圆般大，比胡桃的味儿还清香。橄榄是甜的卤的都有，以清河坊方裕和南货店的出品为最佳。

杭州还有一种最著名的东西，专供一般人饮料用的，便是茶叶，茶叶的品类，有"狮、龙、云、虎"之别。"狮"是狮子峰，"龙"是龙井，"云"是五云山，"虎"是虎跑，因为产地的不同，品质也各异。中间以狮子峰和龙井的茶为最佳，每年除供给杭州本地人饮用外，销到外埠和海外去的数量也很多。

除了食品以外，杭州还有几种著名的日常用品，凡是到过杭州的人，是没有不知道的。那几种用品便是都锦生的丝织品、张小泉的剪刀、胡庆馀堂的药料，以及舒莲记的扇子。在杭州市街上，所有的剪刀店都名曰"张小泉"，正如在苏州的熏腊店都称"陆稿荐"

一样。在那许多挂着张小泉牌号的剪刀店中，只有在大井巷的张小泉近记是真的，其余全是假冒，有的把"泉"字改为"全"或"湶"，有的把"近记"改为"琴记"，用种种音同字异的名目来假冒，使顾客们辨不出哪家是真，哪家是假。实在因为张小泉的剪刀的名声太大了，大家都想借这个牌号来图点利。都锦生的丝织品，完全是一种织锦的装饰品，以各色的风景花卉翎毛为织造的主题，有点像湖南的湘绣，销行很广。至于胡庆馀堂的药膏丸散是国药店中最出名的，到杭州去的人，都要到胡庆馀堂去买些膏药，顺便去参观鹿园。那里的规模很大，堪称杭州国药业中的翘楚。

杭州的繁荣完全建立在广大的游人们身上，因此杭州的一切生活设备，全以游客为对象，杭州名产的所以这样多，完全是为了供应游客们的需要而出名的。从这许多名产上，每年吸收各地游人的金钱，真是难于算计。此外杭州还有一种收吸游人金钱最大的机关，便是旅馆。杭州城内城外大大小小的旅馆，总数是不下七八十家，其中最有名的，要推西泠饭店和蝶来饭店，西泠饭店位在栖霞岭南麓，一切设备完全模仿欧西的式样，尤兼以四周园林之美，很饶清幽的意味。蝶来饭店在西泠北，以陈饰的摩登见称。此外新建的大华饭店堂皇富丽，实可与上面二旅馆鼎足而三。这种旅舍，是属于有钱的富豪们享受的，普通中产阶级的人们，是无力过问的。其他的许多旅馆，每年到了春季里，因为游人的众多，没有一家不是客满的。在那时候，房金是特别昂贵，常常是有了钱还找不到一宿。但春季过去以后，其余的各季，生意便清淡下来了，房金也会照定

大华饭店，1937年广告

价打个对折,特别低贱。所以,倘使当一个游人,他想在杭州过得稍为舒适一点,而同时还经济一点的话,最好在秋末或是冬初的时光去,那时,杭州的游人是清闲得多,而湖山的景色,却一样的清远动人,尽可以仔细地去鉴赏,至少,比起春季里和许多人乱挤乱忙所领略到的印象,要真切得多。

(《杭州》,倪锡英著,上海中华书局一九三六年八月初版,原题《杭州生活印象》)

爵士等：
她以吃面包来描写爱情，曾传为一时笑谈

讲述人为当时浙江大学学生，具体事迹不详。

一、浙大一日

  为了要捞些可记的事情，今天起身得分外早，可是，空忙了一天，在小而又小的"浙大"范围内,事情都是平淡而刻板,哪里嵌得进"中国的一日"宏伟的篇幅里呢？譬如说，今天兵工学教授张先生请假，早晨上课钟误点三分，大机三一个女同学穿着一件深黄色的怪旗袍，湖南省衡（阳）女中旅行队今天离开我们学校等等；全是琐碎而枯燥，在整个中国的横断面里，至多不过是细胞膜上的一根纤毛而已；狩猎再四，才抓住几根较长的纤毛。

  五点半赶到健身房里去捉新闻，只有男同学九个、女同学八个，幸以九对八占先，否则，在这男子中心的社会里，男同学真将丑死；再细察几位女同学中，属大学部者一人，这位是一个广东小姐，平时常常戎装革履，大摇大摆地，是迷离扑朔的一位奇女子，据有人看见过她致爱人的情书中说："我平日最喜欢吃面包，这几天面包只吃得下半个了……"她以吃面包来描写爱情，曾传为一时笑谈。

属高农部者四人，属高工部者三人；大概一入大学就别有用心了，老清早起来发傻是她们所不屑的。

九个男同学却全是大学部的；前天《夏伯阳》到杭州的时候附有一张俄国运动片，他们的标枪姿势真像古希腊的美男子雕像；今天几个男同学全在练标枪。影片的宣传势力，也可见一斑了。

吃完早饭夹着书去上课的时候，文理学院门口一列排着二十多辆汽车，今天正是全国工程师学会年会的第二天，我们校里被借为第二会场，所以，停上那么许多车；记得我进来三年中，浙大里曾停过那么许多汽车的这还只是第三次；一次是去年校里闹风潮后，蒋介石亲自来训话的那天，一次是竺新校长宣誓的那天，一次就是今天，当然，这是值得记一笔的。

听说工程师学会会员的口福很好，这两天接二连三地应人家的宴会，昨天有什么建设厅请省政府请，今天又有什么工程师学会杭州分会公宴，明天又有之江、浙大公宴；所以，今天健身房里就搬桌摆椅地布置起来，成为一个临时宴会处。健身房后面篮球场上搭棚建灶，暂作厨房；听说起初是预备吃中餐，包的是杭州很有名的"高长兴"菜馆，大坛的酒在今天已抬了来；可是，后来又改用西餐了，"高长兴"只有高兴而来扫兴而归，芦棚泥灶全部拆回，据说要赔偿他们的损失哩。

晚上，吃完晚饭回校的时候，工程师们的汽车才开走了，剩下一辆"自动机工程师"的大汽车，因为马达坏了开不出，汽车夫没带工匠，只得打电话到公路局讨救兵，车厢里的"自动机工程师"们却抽着雪茄发急，因为晚上在镜湖厅有酒吃，迟了要吃不到而且不"新生活"！

爵士

二、在杭高

五点半了，熟悉的起身号音，老是不怕人厌地将我们从梦中催醒。我们又得开始机械般的一整天生活，五月二十一日开始了。

不一会，我们大伙儿拥到操场上，依班排列在司令台前。清凉的晨风微微吻着我们的面颊。接着一阵歌声之后，在号声嘹亮之下，我们那美丽的旗帜当着八百只举着致敬的手，洋洋地爬上了旗杆的顶梢。但不知有几多脑袋，当这刹那间曾经想到了：就在我们这个国度里，已有大片的土地上，看不见这漂亮的旗帜了！

接着，"沙……沙……"的脚步声，我们在开始晨跑了。蓝衫黑裙的女生跑在前面，乌发在她们头上一拍一拍地，后面就跟着一排排的黄色制服的我们。就这样一步加紧一步，我们绕了两个大圈子。

过后，我们各站定了自己的座子，那是用白粉在司令台前的地上划下的；于是我们举行早操了。朝阳从我们的背后射来，地上长长的影子正像在学着我们的操式。司令台上,那写着"和日光、空气、水相奋斗,锻炼体魄,克复自然"的白横幅,也随风在太阳中飞舞得更起劲了。

早餐后,经过一点钟的自修,就上课了。我们夹着书经过五步一斋又一斋的走廊,到前面分布于纪念厅周围的教室里去上课。

第一点钟是位胖胖身躯的先生,突着肚子,在用"中英合璧"的话讲解着英文文法。秃得光光的脑袋,只在后顶上贴着几瓣卷卷的头发。因此,校园里几株秃了皮的树上,就挂满了他老的大名。他还有一出拿手好戏,就是,将眼睛藏在红边眼镜的背后,去捉寻学生们的动作来骂一顿。于是,学生们只得必恭必敬地坐着;但是究竟听进了几句"中英合璧",却不得而知。

第二课,是几何。那位先生是个极度的近视眼,但从不戴眼镜;也并不关心学生们在做什么,只站在黑板前画着背着。于是,竟有人老实不客气地在打瞌睡了。

下一课,是公民班。我们分组辩论:"复兴中国农村,教育和经济孰重?"一位瘦教师蹲在讲台上记着发言者的分数,这是被大家所最重视的。

我们分为两组,一组主张"教育重要",他们的理由是:"中国农村弄到如此地步,是农民没有知识,不知上进之故。所以要教育他们。"另一组主张经济重要,他们的理由是:"民以食为本,没有饭吃,什么都谈不上,谈什么都无效!而谋饭吃,就是先发展经济。"

最可笑的,是一个同学说:"教育不重要!农民有了知识,要想造反，不肯缴租纳税，反而使农村更不安定。"原来说这话的是乡下一个地主的儿子。他佩服"愚民政策"。

其实，这个问题也用不着花那么多时间去讨论，要复兴农村，经济与教育是不能分离的。但在目前，教育和经济都无从着手。要救济农村，要根本解决农村问题，应该立刻发动一个神圣的民族解放斗争，驱逐出帝国主义者在中国的势力。并根本铲除封建余孽；然后才能以教育和经济来挽救没落的农村。所以，要讨论的就在："如何去发动这个神圣的民族解放战争？"然而这是不能在我们班上提出来讨论的！

再下一课，是国语班了。这位先生算得最客气，也是学生们所最感激的。喜他老是捧了讲义，遮了脸；听凭你在下面做什么。于是，学生们过半数是有本小说的，要不就是做其他功课，或是东张西望，打李一下，踢王一脚。

午饭后，有一点半钟的午睡；这一段时间，全校都沉于静默之中。过后，又是上课，但精神却更提不起了。

这是一班历史，讲的是本国史上的"春秋战国时代之学术思想"，先说孔孟的学说，接着又论到庄子的部分，我精神稍觉到紧张起来，看黑板上写道："天下莫大于秋毫之末而泰山为小；莫寿乎殇子而彭祖为夭；天地与我并生而万物与我为一……"

"它思想的优点是能叫人有伟大的怀抱和乐观的态度。"L先生像赞扬的神气把右手用力向外一伸，一面解释道："你如果以为你是宇宙里的小不过的东西，你或许觉得'烦恼'的无价值。你如果觉到你自己伟大呢？你更可以鼓励你的志气去做大事业！"

我心里倒觉得开豁些，像从汗臭的群众中打通了一条出路。

耳鼓里又来了"摩顶放踵"的音波，连袂同行的是那"兼爱""非攻""实用主义"等一大套。

当然的，机器如果一给人用，是要直到齿轮磨得不成样子才被放在一边的。

"拔一毛而利天下，吾不为也。"L先生把仰着向上的脸渐渐地低下来，一面手拍着胸口，同时用了更庄严的面孔批评着："杨朱的个人主义在今日实在是社会的敌人；但是如果家家把门前的雪打扫得干净，连清道夫也可以不用了。所以他的学说也有一部分的道理。"

号声里结束了一天课堂里的呆坐，因为这天下午仅有一课。

课外运动后接着又是降旗等老套头。

随后便是八双筷子一齐攒进一盘醋熘的黄鱼里。

晚饭后，因了天气热，大家都在校园里的草地上横七竖八地躺着。

我拣了一块草顶厚的地上仰着，和M君讨论密司×的优点。

虽然是自修号已吹了，人们尚兀自睡着。

冷不防训育主任今天会闯到这里来。晓得军事管理下是不好玩的，果然不出所料——

"走！走！还在这里做什么？"他怒目嚷着！

还好，实在不能说吃亏。

眼巴巴地看他们——除主任先生外还有几位训育员——跑到亭子上歇凉去了。

在自修室里不止咕噜了两个钟头，这固然是家常便饭。

在眼皮正懒得动弹的当儿，号声叫着——

（五月二十一日结束了。）

五月三十日于杭州省立高级中学

缪夏荣　吴士源

三、一件平凡的事

天气渐渐热起来了，我还穿着一袭厚厚的衣服。

晚饭以后的天色已经很黑暗了，街灯却不曾放光，我低着头向老×的住所走去。街旁每家铺子里都有电灯光照射出来，我神经过敏般地在躲避着被人看见我这一袭厚厚的失了时的衣服，见到一条小巷我就抄巷里走。

"车子要吗，先生？"

刚走进巷，就有一个瘦得怕人的矮个子车夫向我兜生意，我觉得还是不理他的好，因为我根本不配坐车。

"先生旗下？一角钱！"

我摸摸袋，只有一枚双毫小洋，我觉得这一点钱是不该再花掉的了——尤其不该花在坐车上面，就说："不要，不到旗下去。"一边加紧速度走。

"到哪儿的,先生?无论哪儿我都可以拉你去。一点到七点的车子只拉了二角钱哪,你先生帮帮我缴缴车租吧!……"

他紧紧地跟住我,一连串叫着先生,他的脚步和车子已经和我相并了:"我还饿着肚子,再半点钟就该交班了,你先生就帮个忙罢!……先生,先生……"

这类事情我还是第一次经历到,我真给他困住了,我想说:"我没有钱!"但是,我不是有着二毛钱吗?我现在总算是一个饱着肚子的人,我不该帮他一点忙吗?

我把二毛钱摸出袋来,交给他,迅速地往前面走。

"先生!先生!"

我想:他还叫我做什么?我把脚步停了下来。

"我不该平白拿你的钱;先生,你坐了我的车去。"他已经把车杠放在地上了。

我踌躇了:叫我坐到哪儿去呢?假使我坐着车到老×那边,他准会怀疑我在什么地方发了财,或是患了疯病。老×是知道我断不会有闲钱坐车的。

"就给我拉回去罢——××巷。"

嘴里虽这么说,可是我还在顾自走着,车夫却笑起来了:"××巷吗?先生,等你坐呢!"

跨上车,他像一架机械似的飞快地拉出巷,边说:"先生,你也知道,现在的生意真比不来从前啦,车租却只有加多。……养家小,一天两餐也排不到;我们穷人顶没有办法!"

每一句话都是极力地从喉间迸出来的。虽然气喘得厉害，他还是拼命地拉。

"停下来罢！"我想说。但是距离不到一丈远的地方有一个岗警却先在叫他了："停下来！"他提着棍，狠狠地对车夫睁着眼睛。我纵然不明白这算什么意思，却明白这是不会有好事情的。

车夫已经把车杠放下来了，我跨了下来。

"为什么不点灯！"一手高高地擎着棍子，一手把车垫提了过去，随势在车夫的背上一拍，"去！"

车夫低声软气地在认错，叫对不起，他的身体战抖着："油没有了，先生，我去买了就……"他几乎要跪下去了。

"哈！"冷笑了一声，就说，"何必多说！"

"可以饶恕他不？他太可怜了啊！"

"一点不可怜！"他对我哼了一哼，"他捣我的蛋！"

两个人就这样走了：一个提着棍，提着车垫；一个拖着车子。

我默默地走了回来，把身体横躺在床上。我的心像压着一块铅那般的沉重，那个矮矮的瘦个子车夫的形貌浮在我的眼前了。

"我们穷人顶没有办法！"我记着他说的这一句话。

二五、五、二一，夜记于杭州

宋镜蓉

（《中国的一日》，茅盾主编，上海生活书店一九三六年九月初版）

经亨颐：
凡事有缘，我于杭州或者可以用得着一个"缘"字

经亨颐（1877—1938），浙江上虞人，近代教育家、书画家，曾任上虞春晖中学校长。

"未能抛得杭州去，一半勾留是此湖。"这两句诗是我居杭十二年的根本原因。学校的兴趣，当时一堂弦歌，所谓得英才而教育，固然很可回味，但只好算过去的余事，西湖是永久可以任我优游而且觉得更可爱的。今年重阳应在杭同学之约，小住数日，集八十余人欢宴，唱碧梧校歌，依然如在明远礼堂中，而且各以公务员着制服，一如当年校服，尤为引起旧感，秋风黄叶，使我依依不能去。翌日晤越风社主编黄萍荪君，很诚恳地嘱我写一篇两级师范学校回忆录。社会的眼光，或以为有若何特闻，涵养于长期的十年教训，写出来实在没有意思，不过"惟叙学半"这句话的确有道理的，至诚可感人，尤其是师弟之间，天然情义，清苦的教育事业，大家所以都愿意干，无非为此，我且率直地随随便便写在下面：凡事有缘，我于杭州或者可以用得着一个"缘"字，因为两级师范开校那一年，我还在日

本高等师范本科一年级,并没有毕业。我的先辈许季茀、钱均夫、张燮和是那年却好毕业,何以不回来呢?监督王孚川先生曾先去聘请他们,据说不愿就教务长,又和我来商量,我当然也不能答应他。他弄得没有办法,后来他向同乡会请求公举一人去当教务长,同乡会专程开了一次会,他们三位不到,我照例去出席,结果竟公举了我回来承其乏。那时同乡会的精神很好,一经决议是不能不服从的。我呢,那时还是一个苦学生,已经自费六年,把家里的田产卖了维持,又自己译书,经济非常拮据,正是难以为继的时候,加以同乡的劝勉,就贸然应命了。正好本科一年级学年终了,于是就向学校休学一年,又承校长嘉纳治五郎先生的允许,并且指导我种种要点,又请他介绍一个图画手工教员吉加江,而王孚川先生已聘定早稻田的一个教授中桐确太郎担任主要的教育。其中我还有一种为难情形,因为嘉纳先生有些不乐意,他说早稻田派的教育不纯正的,无如聘约已定,我和他们两位日本教员,赶程回国。两级师范是民国纪元前四年四月十五日开校,我赶到杭州已经是四月十三,到了学校,指定一间房子给我,一只床一张桌,其他一无所有。尽两天的功夫,把锣鼓要敲起来,现在回忆的确有神助的。好在我临行时将日本高师内部办事情形详细调查,带来勉强应付。我那时是一个西装少年,开校那一天,当然就地长官,抚台以下提学使等大家翎顶辉煌,先行谒孔礼,我曾以西装也一同三跪九叩,两位日本教员和我跪在并排,还要低声地笑。十五开校,迟到十八就正式实行上课,糊里糊涂、毫无根据地把课程排了出去。全校教员,都是由什么什么大宪介绍，全不相识，配来配去，终觉得文学教员太多。最可记的一次笑话，某教员是抚台介绍的，他上国文课，不知道从何处选了一篇东西，内中有"绞脑浆"三字，不巧缮写者误写了"咬腊浆"，学生问何解，他说古人勤学，寒冬不暇暖食，将腊浆就是冷的东西，随咬随读就是了。学生大哗，立刻跑到我这里一定要我亲到讲堂去看，我不得已只好去，果然三个字写在黑板上，某教员已经被责问而退了。我一看只是没有办法，顾不得抚台不抚台，即刻向监督要求解聘，某教员就此滚蛋，于是学生一致信仰我的率直，由此起点。

光阴很快，一年的休学期已满了，大家以为我教务长做得滋滋有味，一定不再去求学了，也有暗中讥笑的排斥的，我听了实在可笑，如期毅然告辞。终算承提学使的厚意，给我正式官费一名。可是到了日本，销了休学的假，翻开书来，实在有些荒疏了。我本是物理化学科，在一年级的时候，实验化学，臭不可当，要想改科，只准可改数学物理科。数学比化学更难，考虑的结果，下了决心，改入数学物理科，倒也勉强毕业，不过这两年中，完全为拍拉司马合诺司闹得我不能兼顾其他主要的教育等科。老实说一般理科的学生本不十分注意的，但是我特别对于吉田静致先生所授的伦理觉得有相当兴趣，所以不但他所讲的，还有他所著的伦理学全部都买来参考，这是我一生最值得自慰的一件事。我离开杭州忽忽二年中，两级师范换了六个教务长，第六个走的时候，监督是徐班侯先生，找不到人，学生中竟还有记得经先生可以毕业回来了，徐老先生即刻打电报给我。那时我毕业试验却好完了，毕业式还没有行，文凭还没有到手，我想不管他，回去再说。所以我的文凭领来手续特别讲究，是由监督申提学使，由提学使转日本公使向该校校长取了寄来的。重到杭州，相见甚欢，一位日本教员中桐确太郎还在，我和他论友谊是还好，我第一次回来的时候，他以为我在日本不过一个学生，回国来居然当教务长，有些看不起我，而且他口头常有侮辱中国的话，我当然不让他的；第二次回来相见，态度不同，我想你还在，支配教课因为伦理没有人担任，我不愿意国文教员担任讲一套毫无意义的伦理，所以请他讲，他竟嘲笑地说伦理可以请外国人教吗！我恨极了，我说我请你教世界伦理史，不是请你讲日本伦理，结果仍改请最有名的某国文先生担任，看看他的讲义，无非极尽小学和字类统编之能事。转瞬暑假，又恰巧杭州教育厅要办一个暑期讲习科，也要求我讲伦理。因为理科和文科一道鸿沟不容易打通的，终觉得不敢尝试，后来无可推却，就把吉田先生的书一起搬出来，温习了好几天，编了讲义，自问可以试试看，兴味甚佳，所以暑假后校内的伦理一科就大胆地把担任教员姓字的地位，举笔写了一个"经"字。揭示出去，学生奇怪之至，教务长也能讲伦理吗？也敢讲某先生讲过的伦理吗？我大踏步去上课了，讲了一点钟，开场是伦理学的定义，学生竟有些识别力，恍然密语，才知道某先生所讲的不是伦理学。我自此接着在后来第一师范以及法政学校等居然做了七八年杭州的伦理教员，我的思想的根源，就是从这里来的。什么过激，什么德莫克拉西，在后在后，也可说二十世纪思潮的大变更，过激等等口号，不过自然生长出来的枝叶，不足为奇，最简单地说个理由，两句话就可以明白：

一、道德不是千古不变的。

二、道德判断没有客观的标准。

这两句话的伟大，可以把一切伪道德、模型的道德、桎梏的道德推翻无遗。道德是有机的，是随时代演进的，决不是未有人类以前，哪一个上帝预先制定的，又不许既有人类以后哪一个圣人任意假造的。"自由"是所谓新道德的一种，而它的精神完全是尚纪律，一方面看去是自由，一方面看去是纪律，不知道如何下一个永久的定义。道德判断孰是孰非，也决没有客观的标准。譬如今天气候，你说冷我说暖，可以看寒暑表就解决。善恶表无人发明，相传古时有一种角兽能识别人的善恶，名曰解廌，形似鹿，性忠，见人斗则触不直者，所以古写"法"字，加了一个"廌"为"灋"，取平之如水不直者去之之义，那是"廌"的东西，可以做道德判断客观的标准了。一切罪疑可令其一触便分晓，科学上哪里可以允许呢？我想一定当时法官的黑幕，一如江湖上鸟衔牌，此兽或因某臭气某颜色必触，贿重者大可设法使之不触而触他方，古人愚即俯服，何以现在找不到这种动物，我想把世界上两大汹潮请他触一触，道德既没有客观的标准，善恶共存，所以我说天下乌乎定？定于二！可说天下永不定，不定于二！

我在杭时期，两级师范仅二年，第一师范较长，不关于学校降格，兴趣更好，这是什么缘故呢？因为两级师范内容复杂，凡是有两种程度的学生合在一起，一定办不好的。所以我本此经验，现制初级中学和高级中学，绝对不主张合办，无论同一名义，也应办在两处。我平时对学生，并无何种特别手段，而且决不主宽，是极主严的。所谓主严，不但对学生，自己办事上首先要主严，第一关键是入学试验，招进来的新学生基本好不好，和学校成绩好不好大有关系。第一师范以后的学生，个个是我亲手招进来的，报名人数与学额差不多要一与二十之比，无论何人送来的条子一概不理。老同事如夏丏尊、李叔同、堵申甫、范允兹、胡公冕、姜敬庐等以一贯的精神，决不计较劳苦，自动的课外工作很多很多，这是现在各校教员所少见的。李叔同就是由第一师范出去直接做和尚的弘一法师，当时南京的高等师范重脩来聘他不去，一半也是抛不得杭州，结果仍受天竺灵隐的影响而出家，他的人格，感动学生很大。当时校内有力的国文教员是称为"四大金刚"的陈、夏、刘、李；陈是陈望道，夏是夏丏尊，刘是刘大白，李是李次九。老实说，他们抱着思想革命的志愿是有的，可是都不愿做共产党。自有家酿，不食沽酒，这是第一师范当时堂堂皇皇的态度。学生中不能说没有急进分子，但是我所知道后来惨死的人，都是因为第一师范风潮失败以后愤而到上海才加入共产党的，岂不是当时官厅压迫的措置要负其责吗？我于民国七年偕杭州教育界多人赴日本考察，在神田书店中才发见一本过激派的书，买来细细一看，思想的根源，仍不出我所熟读的吉田先生的伦理讲义。我回到杭州就对学生彻底训话，师范生以教育为天职，逐渐使社会思想改造，都是毕业以后应当做的事。无如当时的官厅，终以为蛛丝马迹，简捷的办法，是把我免职，即刻移交渡江。

后来风潮愈闹愈大，如何收拾，我又以省教育会会长的资格，返杭调停而歇！

  第一师范而外，我还有不能不回忆的就是省教育会。我任会长也有七年之久，现在平海桥畔教育厅作为办公的一所房子，终算是我在职期中向各方捐募而来建筑成功的。离杭以后曾两次重游西湖，过其门不觉耿耿。社会上自己集资的公共建筑，不能保持社会上自己享用，将来社会事业很难希望发达。原来省教育会到现在已是无声无臭，究不应省教育会可以不必，而把他的建筑充公，改为别种社会事业，难道用不着吗？而且我以为省教育会或改为文化教育馆，有努力进行之必要。翘首之江，热心教育者不乏其人，盍利用此现成之基础，正式提出请求，或可复兴，企予望之！

  （原载《越风》一九三七年第二卷第一期，原题《杭州回忆》）

一　蝶：
现在一想及就觉得是具备着怎样的色、香、味的一种东西的时候，还是在西湖

讲述人生平不详。

　　还没有起床，社里的公役敲了门进来，原来是不解送了两罐的西湖白莲藕粉，我知道，这是他的夫人修梅君从杭州买回来的。我从前只见过装盒的西湖藕粉，盒形长方而略扁，上面画着些粗拙的像是花草的东西，用两条细细的骨签，在旁边 Sly（读作孝意，云插入）住，仿佛一册古装书。现在才知道盒装之外，还有用罐装的，圆形，周围贴上标纸，虽没有什么装潢，却颇觉得优雅。我是一个成见很深的人，同时又自知感情的气分，很为丰富，二者不知可有些联带的关系，但有时确也感到他们的狼狈为奸之苦。杭州本非我的故乡，虽然曾有过一段周旋的历史，但也并不很长，只不过一年多。不知如何，这一年多的短期的浪漫的生活，竟几乎占了我的过去的生活的全领域。假使我的脑里，还留着一些生活的余痕，可以供我的心灵抚摩盘桓，那便是这短期内的印象了。自从民国二年，离开

了西湖，至今足足十四个年头，其间只去过两次，一次是在十年前，一次大抵是在五年前。最后的一次，看见那正在建筑的环城马路；许多新造的洋式的别墅，颇使我发生些不快的感觉，如同一粒砂子飞入了眼里，然而回来以后，这不快也就消灭得毫无痕迹，接着起来的，仍是十六年中的憧憬的心情。不特那晶莹柔和的湖水、苏堤和白堤的丝丝下垂的杨柳、冷泉亭的水声、飞来峰的浮雕的佛像，都使我念念不忘，便是一株寻常的花草、一块石头，也似乎很有牵系我的灵魂的能力，而且我觉得这些都是好的。曾记一个古人说过：秦淮的卖菜佣，都有六朝烟水气，自然是文人的夸张。但若拿这句话，来形容我对于杭州的想象，真是再确切没有的了。这第一原因，自然是在于我没有游过什么名山大川，眼界小，见了马肿背，便以为见骆驼了。此外，还有一个原因，大约是发生于乡土观念的，犹之我现在倾向日本作品一般。西洋的文学家，单论名字，也就比日本响亮得多，然而我总觉得是一种文学的文学，不是人情的文学，我见到西洋作家的关于心理的深刻的描写，总觉得他是在演剧。江南人的气质大都是偏于纤细优柔，而江浙尤为其代表，所以，我在十七岁时渡过黄河，俯视着那一泻无涯的黄流，也并不曾起什么悲壮的心情，远不如那清流见底的西湖之有着吸引的魔力。十六年——不，算是五年吧——的阔别，真觉得有说不尽的相思，今年还同不解偶然谈起想去旅行一次的话，大家因为没有那笔余裕的钱，终于只成了一个梦，而修梅君却远迢迢地，带了那有名的湖上的土产回来了。记得幼时还在家中读书的时候，父亲从杭州乡试回来竹制的考篮里，藏着许多的杭州的土产，如剪刀、发篦还有什么玩具之类，盒装的白莲藕粉，便是其中之一，自然也吃过，但怎样的气味，现在都完全记不清了。现在一想及就觉得是具备着怎样的色、香、味的一种东西的时候，还是在西湖。据说：湖上卖藕粉的以"三潭印月"为最佳，但我却没有吃过，我们常常吃的地方，还是在高庄，而且常常是在一间古式的客厅里，前面遮着竹棚，上下蔓藤延绕。原料大抵还是和我在家里吃的一样，但或许是因为冲调的得法，和水质的纯洁，不特香味不同，便是色，晶莹透澈毫无渣滓，仿佛春阴里的西湖，遇着微风的狎弄，水波溶溶，令人唤起梦境似的幻觉；真使人不忍下匙。在现在幻灭和破坏的时代，常觉有连梦都做不成之预怖，前在报上看见拍卖西湖鱼的消息，为之不怡者累日。现在，看见了那优雅的白莲藕粉的标纸，真如得到了久别的故友的照相，欣喜他还活在人世。那小小的高庄，或许也还健在罢。

(《水泡》，一蝶著，上海光华书局一九二九年四月初版，原题《西湖的藕粉》)

一　蝶：
只要一提起西湖，谁都会联想到那白篷的划子，那是一种很小很小的船

　　讲述人生平不详。

　　伯嗐游了杭州回来，说起那里的光景，有许多和从前不同了。他还是远在民国三年和我们一同转学到私立法政学校的时候，住过一年有余的杭州，回来以后，一直没有去过。现在，是民国十七年，中间的距离，足足有十四个年头。十四个年头，在悠闲的人世的光阴中，不算很长，但人事的变迁，是免不了的，即使在"疲牛笨车"的中国。西湖是中国的名胜，凭借着民族的"自然趣味"的庇荫，比较都市，还很受到物质的冲动的影响。我在民国十年去过一次，也只见到还未完工的环湖马路，湖滨的公园，湖上一带的洋化的别墅，其余还都是和从前一样。这回从伯嗐的口中知道了马路上已有汽车，但很少，湖滨公园的地带，也似乎比先前扩大了，湖中的小划子，两旁添了黄铜的栏杆，赁价却还和十四年前差不多，在湖边，新发现一个女子职业社，有理发部和饮食部，生涯很不错。

只要一提起西湖，谁都会联想到那白篷的划子，那是一种很小很小的船。然而很灵巧，式样很雅致。三四月的天气，湖上的游人最多，因为太多了，到什么公园别墅去，是没有什么大趣味的。倘雇了一只划子，随风吹引，听其所之，靠着黄铜的栏杆，左右眺望，柔软的溶溶的水波，两岸垂垂的柳条，在日光下争妍斗丽的四围的山色，不知何处的悠然的歌声，一瞥地掠过去的邻舟，从那里漏出来的笑语，都能给人以朦胧的梦境的感觉。艺术的鉴赏，须是综合的，人体的美，虽是由于各部分构合的适宜，但若把它解剖分裂，就一个指头、一只手臂，或是一块骨头，而想寻求出美的印象，是决不可能的。我们要领略西湖的佳处，应当具着"在刹那中体会万有"的心境，把他的整个的形体，抽象化了，在我们心中浑乱流动合而为一。万不宜加以支解的酷刑，使它成为解剖室中的死的美人。所以，对于什么"别墅""古刹"，以及一切的建筑，我都不大感到什么兴趣，何况再加上一层洋化的油漆，平添了俗恶的气味。第二次到那里的时候，在船中见到伸出在湖中的宏大的哈同别墅，好几天的梦魂，都觉得不大舒适，这自然还有别的感想，现在，听说，那别墅已改了艺术大学了，这自然也是一个很好的消息，虽然那洋化的房屋，未必能因而改观。

划子的租价，十七年前，大约是一元大洋，可以玩一整天，有些时候，还要便宜，大船较贵，但实在因为构造得太不灵便，仿佛是一个木笼，所以，只有阔人们才肯赏光。据伯嗐说，划子现在的赁价，还和十七年前相去无几，这实在是一件很可惊异的事情，都市里的生活难的呼声,对于水乡的住民,竟似乎不能发生丝毫的影响。那些撑划子的艄公,虽然不是知识阶级,但确是风雅中人,他们的谈吐,实在要比客厅里、议事室里所听到的高雅得多,所以,你在湖里,便是一个人,也决不患寂寞,他们便是你很好的伴侣,而且也是一个很可靠的指导者。

曾听到一个消息,说西湖里行驶汽船了,觉得非常的不快。第一,这种粗暴的机器的吼声,它会扰乱了全湖里色彩和音乐的一切的谐调;第二,西湖的水,真如处子的肌肤,哪里容得这样的蹂躏;第三,便是为游湖人计,风驰电掣地在湖中兜了一个圈子,连鉴赏的工夫都没有,也似乎太不合算。现在知道,这只是一种传说,使我梦魂又平安得多了。

(《水泡》,一蝶著,上海光华书局一九二九年四月初版,原题《西湖的划子》)

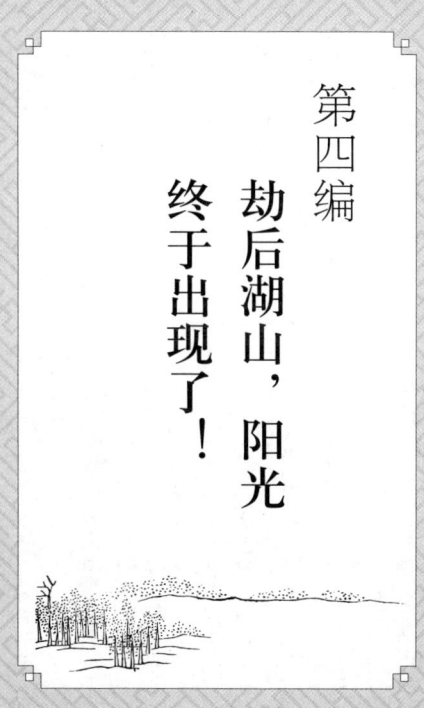

第四编 劫后湖山，阳光终于出现了！

徐蔚南：
杭州城站的名称已经废止而改为"杭州驿"，这三个字则是中国字却已是日本文了

徐蔚南（1900—1952），江苏吴县人，现代散文作家，文学研究会成员，著有《山阴道上》等。

火车一直向杭州开去。沿铁路线，尽是绵延不断的竹篱。这是"清乡"的标记；这是从点线的占据，扩大到面的争取的樊笼。在笼中的人民，个个是像待决的囚徒。"人为刀俎，我为鱼肉"，竟如这文字一样地真实明白，实现在眼前了。

华籍的青年车僮分散着华中铁道会社所印送的大东亚战争周年纪念明信片，每客一张。明信片的一面印着日本击毁英美战具船舶的统计表，一面是空白留给人家去写信的。

穿着蓝士林布滚白边的西式衣服的姑娘们，像从前新亚酒店的女招待那么整洁，她们手里提着装满物品的篮子，不时走到车厢里来。她们是车上卖零食纸烟的姑娘，卖的是日本纸烟、日本糖果。

每逢停车的车站，华籍的车僮便走到车中高声叫唤某处到了，是先用日语说几遍，然后再用上海话说。到杭州城站时，车站上的

红帽子们一齐呜呜呐喊。这声音我是在东京驿上听惯了的，现在竟然也搬到杭州城站来了。杭州城站的名称已经废止而改为"杭州驿"，这三个字则是中国字却已是日本文了。

杭州市面还闹热，城外的店面，比较阔大而华丽的房屋都已变为日本商店。旗下是日商的总汇地，什么商人都有，就是水果店也有日本人开的，甚至还有日本画师画了中国画出卖。那个商品陈列所已成为日本的百货商场，就是店面形式以及商品陈列的样子，也完全是日本风的。日本的妓馆与酒店林立。因为一看招牌和木门就可知道的。日本的一切已尽搬到西湖上来了，而中国的"顺民"也颇知趣似的，像刻字店的招牌，已经改成为"印鉴屋"的了！杭州的中央银行现在是成为中日文化协会、留日同学会等等的会址，而一个高大的银楼已变为纸栈了。杭县也早已不是从前的杭州了！

旗下是日兵日商的总汇地，而杭州城中却还全是杭州市民所盘踞。我们到了杭州，便去住在城中一个知友的家中。那是几座极宽大的院子，中有花园、假山花厅，是十九世纪一位大官的房子。我们踞坐太师椅，喝着清茶的神情，令人恍惚回到童年居家的情态，闲适舒徐，懒散而无用！

杭州人都叹息生活的艰难，可是杭州比了上海究竟还便宜得多。杭州米买一石是五百八十元伪币，而上海要一千零五十元。杭州猪肉也难买到，但鱼虾只卖得五六角伪币一两，上海鱼虾是和猪肉一样的难买到，价目甚至比猪肉还贵得多。猪肉在上海是二十四元伪币一斤。杭州没有糖吃，上海也买不到糖。杭州还有菜油出售，而上海竟买不到油的，花生油的黑市，三十斤一听要卖八百元伪币，尚须让人设法，恳请让与。

杭州与上海同样地沦陷，可是杭州的空气松懈得多。那不是因为有个秀丽的西湖之故，却因为杭州远不及上海的现代化。上海防空演习多紧张，关闭门窗熄灭电灯，停止电车，一切生活都为之而突起变动；在杭州虽则练习防空，可是和人民生活不发生什么大交涉，电车杭州本来没有，点电火的住家也不十分多，你去夜间防空吧，大家都去睡觉了。因此竭力想紧张，却紧张不起来。

杭州到处是纸行。那是从浙东自由区里流出来的土纸，经售行家运输到苏州、无锡以及江北一带去卖，可以获得对本对利的厚利，于是大家竞开纸行了。青油和檀油也是从自由区里流出来的好买卖，可是日人用严密的统制方法，把油类的利益完全夺取了。他们在各城门口设立着宪兵，看见乡人挑进油类来，不论多少，就把乡人的"良民证"扣留，命令乡人把油类挑到指定的洋行去出卖，待取得洋行所出的发票后，将发票去调换那张"良民证"。因此一切油类毫无遗漏地统归日商所掌握。油类既全在日商手中，于是做蜡烛的桕油也感到缺乏了。杭州本是个佛地，蜡烛的消费量是极大的，到了这时要买大斤量的蜡烛却买不到了。因之一般僧尼与善男信女都摇头叹气，说这个年头真不容易过。

（《从上海到重庆》，徐蔚南著，独立出版社一九四四年初版，原题《抵达杭州》）

得　中：
两月余以来，飞机不停地在头上飞，冷风吹人，沉湎于西子丽色的醉翁，已经不见了

讲述人著有《瞻回东战场》，具体事迹不详。

在八一三以前，上海形势几度地紧张，杭州也同样地随之紧张了下去。大家见面说："上海要打了！"回答的人也说："上海要打了！"一阵兴奋，夹杂着一阵轻松，眼看着几年来的仇恨和愤怒，要变成力和血的偿还。

八一三夜，证实了人们的预想，大街小巷，到处漂荡着号外的声音（号外是由卢沟桥事变便开始发行了），次日晨，大家见到了记载详细的日报，读过，不由得吐出一口闷气。

但这轻松是不长久的，下午四时，杭州便第一次正式地使用了防空警报，"呜！呜，呜，呜！呜呜……"市民晓得这是什么，因为杭州曾举行过不少次的防空演习。不过演习总是演习，大家预先都有个准备，这次匆促其来，不由得手足失措。幸而杭州的义勇警察和壮丁，都训练有素，马上全体出动，布岗街头巷口，指导人民避难，全市秩序维持甚力。市民有的在家，有的在临时指定的避难所里，耳听轧轧的机声、轰轰的炸弹声，不免有些战栗，直到九点多钟，警报方才解除。

八一四正是星期六，次日星期日，早晨没等市民醒来，敌机便又光临，解除警报，已是上午十一时了。警报解除以后，市面便照常热闹起来，满街的卡车、手拖车和人力车，装了家具、人、行李，甚至于猫狗、小孩，总之，是表现得匆促杂乱，在大街上跑，或向东，或向西，或向南，或向北，城里的往乡下搬，乡下的往城里搬，一时秩序颇难维持。

人力车乘时涨价，由杭州城里到灵隐寺要大洋三四元，由城站到三郎庙，一律大洋二元，不折不扣。大家都看西湖安全，西湖各寺庙，和尚临时变成大房东，小屋一间索价十元以上。后到的租不到房，向隅而叹，只好敌机来时，坐小船到湖上避难，于是划子价钱大涨，每小时大洋一元。

接着是在杭无定事的寓公，纷纷离杭，迁入内地。在杭有职业不能脱身的，也忙着把家眷送回原籍，大家传说某某委员昨天也把家眷送回某地，某某局长也把家眷送回某地，于是委员局长以下的，一直到各机关的书记，只要手头有路费，很少有不送走家眷的。

而同时长途汽车，因交通器具的统制，减少了班次，浙赣路又被水冲断，不能直通。湖滨车站和三郎庙码头，大堆的人，堆在那里，买不到票。本来在钱塘江从杭州上水，有两班小轮船，这家公司，自从浙赣路通车以后，生意一落千丈，很多轮船都停驶，大有

263

歇业的趋势。不料这次浙赣路冲断，而杭州逃难的人又都急于离杭，于是这家公司，生意大佳，所有轮船都开驶于江中，尚有不够应用的样子。

这样紊乱的时间并不长，不到一个礼拜，搬的搬走，留的也无处可搬，杭州市就渐渐地复归于平静。敌机仍是不时地光临，除了两天，一日二三次到三四次不等，警报来，大家躲起来，警报解除，大家照常走路，呜呜声、轧轧声、轰轰声，大家听惯，不再惊慌。

轰炸城站

这样较为平静地过了两月，直到十月十三日，敌机来轰炸杭州城站了。

这次是敌机六架，由杭州西北方面转过来，绕到城站，前面三架高飞，后面三架低飞，及到城站上空，前面三架向后回旋，后面三架陆续下飞，各投弹二枚。原前面的三架亦随之投弹，城站共遭十一弹，站台、天桥、路轨均相当损坏。事后前往察看，路轨上共落弹三枚，均深一尺深，可见所投之弹，均非重量炸弹。路轨略有曲折，经一小时之修理，便照常通车了。

不料敌机看到这次轰炸，未能将城站毁损，十月十五日又来了第二次轰炸城站。

这次是敌机三架，飞行高在二千公尺以上，由东北方飞过来，行经城站上空，投重烧夷弹两枚，城站当即起火，货仓行李房及办公室票房，都遭炸毁，延烧四五小时不熄。城站附近的城站旅馆，迎饼茶社、就是我照像馆等，玻窗全部震破，隔扇也都倾斜。城站邮政总局玻璃也大半震碎。炸弹屑片，有飘飞到一里以外的地方。

这一次大轰炸，使得城站附近的住民，又发了慌，羊市街福元路一带，又开始搬家，紊乱的情形，与前并无二致。而且，市内住民，一部分神经过敏的人以为这是轰炸杭州城内的开始，便也骚动了，大家又都搬起来，街上又充满了装着家具、行李、大人、小孩、猫狗的车。可是这次往哪里搬呢？

祸从天降

自从八月十四日，敌机第一次光临杭州以后，差不多天天敌机要来几次，城内住民离杭的离杭，不能离的，便纷纷迁入湖滨的庄墅和寺庙里。但是自八月十四日以后，一个多月以来，敌机始终是在笕桥一带轰炸，没有轰炸过城里一回，大家于是发生了神话。

其中一个神话是说：我们军队捉到日本空军的驾驶员，问他们为什么老是认定笕桥一个地方轰炸。那驾驶员说："飞机飞到杭州上空以后，只看到一片山林树木，毫无目标可寻，只在笕桥一带，看到一些房舍，所以投弹总是在那个地方。"这话一个传十，十个传百，不久便人人皆知，说的人兴高采烈，听的人听完念一声："阿弥陀佛！"

又一个神话是说："杭州从先有一个姓张的大仙，修行得道，羽化而去。张大仙是一个喜欢养鹰的人，在他尚未得道飞升的时候，臂上总是架着两只老鹰。现在敌机来了，天上总有老鹰盘旋，就是那位大仙放出来的，为的驱逐敌机，不要它飞进城内上空来。"

杭州的庙宇，是多到不可胜数的，正如同以前报纸上登着发起和平祈祷念经四十九天的启事中，头一句便是"吾杭素称佛地"，市民搬到庙里或庙边去住，真可谓在佛的脚下，满可以高枕无忧，放心大胆了。

不料飞祸从天降，十月十五日敌机二次轰炸车站以后，飞机还不离开杭州，跑到西湖上兜圈子。里西湖、国术馆、三潭印月、玛瑙寺、茅家埠、孤山等处，敌机均掷下小型炸弹数枚，而杭州市政府卫生科长张信培君，乘了黑牌一〇〇号汽车，在苏堤上急驶，被敌机看到，追着以机关枪射击，张某急停车避于堤边桥下，而汽车随之被敌机炸弹命中，起火焚毁。

这样一来，湖滨住民，又大感不安，住在岳坟、里西湖、白堤、孤山一带的人，又纷然向龙井、九溪十八涧，及各山洞逃避。而敌机在西湖上空，也每每向湖中及湖滨树林间用机关枪扫射，于是湖里的划子，也弄得没有了生意，一小时大洋一元的旧事，只变成了一个甜蜜的回忆。

这样躲来躲去、惶惶不可终日的人，并不是大多数，而大多数的人，是没有力量搬东搬西、躲来躲去的，他们念阿弥陀佛，求菩萨保佑，菩萨不保佑时，便等着炸弹光临。

大体说，杭州市民的防空知识是不够的，紧急警报发出后，西子湖边，仍然徜徉着大批的闲人。夜间，灯火管制后，西子湖边的几个公园里，却燃烧着一圈鬼火，原来是闲人坐在椅上吸纸烟，无怪×××将军来杭看到这种情形说："唯有炸弹是最好的教训，敌机不在市内丢几个炸弹，市民无论如何是不会知道小心的！"在比较偏僻的地方，紧急警报发出，大人孩子，聚在一堆，仰看飞机，仍在所不免，警察过来把他们赶进屋去，警察走去，便又出来。

改吸旱烟

商人开店，原为的是利，眼看富人逃走，利无可图，而自己性命交关，唯有一逃了之。店伙胆小，首先解散，继之老板准备关门。

可是地方当局不准，非要商店照常营业不可，有的店家，伙友早经遣散，要营业已不可能，那只好关店大吉；有的无心营业，但报歇业又不得允许，只好托词说："家中有事，暂停营业。"门上贴上张纸条，藉此不开。但大多数的，是半开门，窗板一律不开，只在门的地方，开出一道缝，这样算是照常营业。

警报是不可预知的，突然一声，"呜呜"叫了起来，商店忙着把留的一道缝关紧，一直等到警报解除以后，才懒洋洋地再把门开开。

物价涨得很高，不论什么东西，都借了上海打仗的话，都一齐飞涨价钱，其中奢侈化妆品，尤其涨得厉害。纸烟一项，更是特出。

因了纸烟的涨价，吸烟的人，纷纷改吸旱烟，在抗战期中，杭州各业都感不振，唯有"宓大昌"杭烟店，却做起好生意。宓大昌，原是杭州一家顶括括的烟店，其中营业除了杭市零卖以外，大宗的是向浙省各县批发。自从抗战开始以来，纸烟因了华成兄弟诸厂在战区被毁，不能出货，外国烟业源也减少，大家改吸旱烟，宓大昌的生意，一变而改为门市兴隆，外县的批货，不及顾到，只门市一项，已经无法照顾。所以在各商店减裁伙友的时候，宓大昌反而增加伙友，包烟包的人，都增加了好些个。

现在杭州的商店，便都是勉强地维持着。大部分是定出营业时间，过时不卖。而且在营业时间内，一闻警报，也立即关门，不管是空袭警报，还是紧急警报。

争奇斗丽的门面，一律改成了灰色或深绿色。入夜门前的霓虹灯不开，便是招牌灯，也都关着。一个略具模样的都市的夜，变成乡村镇店的样子。

防护团员

飞机第一次轰炸到杭州，公务大老爷们人人都想到自己的办公机关，一定是敌机一个最显著的目标，于是大家一闻警报，纷纷放下公事，抱头逃跑。

各机关，有的便开始迁移了，有的便开始分散办公了，于是许多荒山僻径中，平白地添了一群群青色中山装的公务大老爷。

可是迁地办公，和分散办公，也有许多不方便，譬如调卷啦，会稿啦，都感到十分麻烦，所以稍一平静，大家又纷纷迁回原处。

不过迁回原处，也不能安心办公，警报一叫，大家还是要跑。

当敌机袭杭以前,各机关已经有了"防护团"的组织,什么救护啦,警备啦,消防啦……完备得很,并且印了大红臂章,送到防空司令部盖过印。可是敌机来袭杭州,只看到大群的公务大老爷,臂上挂"防护团"的符号,匆忙忙地向家里跑。

壮丁警察

这有名无实的"防护团",到如今还是存在着,当警报一鸣,满街急走的,倒有一半挂了红的臂章,可是等到紧急警报发出,敌机声音已近的时候,这种"防护团",街头已经见不到一个。

但杭州的防护工作,毫不松懈,是谁负了防护的责任呢?——义勇警察和壮丁。

自从八月十四日敌机第一次袭杭,一直到现在,时间过了两个多月,义勇警察和壮丁的工作,是没有一天松懈过的。

义勇警察是什么?受过警训的老百姓。壮丁是什么?受过军训的老百姓。

他们穿上了制服——服装不很整齐,是在所不免的。带上了武器——武器也很难说,有的是步枪,有的是大刀,还有的是木棒,但不管什么服装、什么武器,总是精神奕奕,认真负责。

警报一来,马上整装出动,布岗巷口,指导行人到避难所去,闲人一律不准在街上乱走,记者在某城门附近,曾看到一个黄包车夫,一听见警报,马上放下车子,跑回家里,穿起军衣,再出来指导行人，管制交通。

夜里，壮丁随时都在警备着，一过十时，加着"防毒面具"（黑纱灯罩）的路灯，一律熄灭。住家的灯，如果迟过十二时还不熄，壮丁马上来敲你的大门。

夜里，睡在床上，忽然醒来，你会听到你所熟悉的某某商店的胖老板，放开大嗓子叫："做什么事？到什么地方去？"他在盘查行人。

防空设备

杭州市民是惶惶然，是庸人自扰呢，还是真有点可怕？

这要看从哪一方面来说。记得昔者北方有一位大将军，对他的部下训话，问："天上的乌鸦多不多？"兵士一齐答说："多。"反问："乌鸦拉屎不？"兵士一齐答："拉！"又问："拉到你们头上过没有？"兵士一齐答："没有！"于是某将军训话说："所以飞机丢炸弹，一点也不可怕！"

如果按照某将军的逻辑言，则杭州市民可谓庸人自扰了，否则，却也未可厚非。

杭州的积极防空的不充足，是无可讳言的，而消极防空的不充足，也是相当的事实。公共地下室，根本没有，公共防空壕，也只在旗下营一带才有，而且建筑得也只能说马马虎虎。平民区里是没有人管的。私人筑的地下室、防空壕，大都是因陋就简，不能应用，如果炸弹落到百尺之内，地下室便能震坍，将人活埋在里头。公家也可代人民做好的地下室，起码要三四十元！

所以敌机在头上转时，老百姓应当怎么办呢？敌机虽然在杭州，没有向城内的贫民窟丢过炸弹，但别的地方，敌机是炸过贫民窟的，其道理也就不难明白的。

民众组织

"民众"在八一三以后，便"组织"起来了！

这"组织"多得很，一个学校一个，一个同乡会一个……多，真多。

后来大家说：要集中事权统一组织，结果便成了"浙江省抗敌后援会"。

其中宣传股画了几张油画，挂在街头，很使许多市民感动。还出了一份报，卖报童最初叫卖得很起劲，后来因为购者寥寥（每份六铜元），卖报的也就减少了。

对于伤兵的设备很不完全，对于难民的救济，也不周到。一个什么委员会，许多办公大老爷，仍是上午八时至十二时，下午二时至五时办公，过时大家走散。星期天，大批难民过境，便没有人管了。会里，大家开会议决，等由准此，相应照办，如果一个办事人看到什么需要改革的地方，便须向干事大老爷上条陈。

"民众"组织，如是而已。真的民众，一部分是义勇警察和壮丁，黑夜白天，布岗街头，一部分则躲在家里照常吃饭和睡觉。

一条尾巴

俗语说:"上有天堂,下有苏杭。"杭州总是人间天堂的一半,两月余以来,飞机不停地在头上飞,冷风吹人,沉湎于西子丽色的醉翁,已经不见了,因之湖山为之减色。回想到"把杭州做汴州"的时代,不免使人叹惜"今不如古"!

(《瞻回东战场》,长江主编,上海生活书店一九三八年二月初版,原题《"天堂"一角》)

张叶舟：
我要去张望张望"王道治下"的杭州，同时想见见沦陷区内的爹娘

讲述人著有《文艺通讯》等，具体事迹不详。

我爱杭州，杭州是我的第二故乡，在那儿曾留下我许多青春的怅惘，曾经有许多欢乐在那儿飞扬！

可是，杭州是走了样，遍地烽火，遍地干戈，饿鹰争啄人肉，犬食残骸，事实是铁和血的唱和！

我要去张望张望"王道治下"的杭州，同时想见见沦陷区内的爹娘，可是，弟弟的信中的话真使我心中有些忐忑跳动："行装要简单，不要带一本书，千万不要露出知识阶级的形迹来，最好扮作商人模样！……"

——我虽然怕到杭州，但我终于是到达了杭州。

当我将走出车站，一个趾高气扬的×兵威吓我站住。

——你从什么地方来？

——从上海来。

——你做什么事情的？

——商人。

——到杭州有什么事情？

——回家。

——把你的包裹打开！

总算没带犯禁的东西，但也还不死心，想找话来问我，幸得他又有了工作——迎面又是两个同胞来了——才把我释放了。

杭州真个变了样，五色旗到处飘展，以前听到五色旗改成黄龙旗叫作"复辟"，不晓得青天白日旗又改了五色旗，应该叫"复"什么呢？

原有商店都倒闭了，新兴的"御料理""和服""写真馆"……代替着。

一路上看见的是仁丹、老笃眼药、利比儿、味の素的广告，墙壁上满贴着"王道乐土""同色同宗同努力，一心一德一家人"等措辞十分那个的标语。

我又看见一家称作"洋行"的，问问本地人，原来是烟馆与妓院的合流品，仔细一看，门前挂着"内有美貌温和女招待"的牌子，门的两旁又用两块木牌：上联是"请尝烟霞滋味"，下联是"聊试花草精神"。

走到迎紫路，伪警在驱散马路的行人，命令赶快"肃静回避"，吓得我不知有什么祸事将临头般担心，有人说了："还好，是省长汪瑞闿经过，一会儿可'解禁'的。要是牢什子的×军长官经过时，说不定又要在街头挨饿上八小时还不够呢！"问一问清楚，这叫作"净道"，凡是×伪长官经过，交通立刻隔绝，连第三国人不得行走，唯有×国人在净道时仍可畅行无阻的。

总算"省长"仅到西湖兜一转回来了，路也解禁了，真的还好，只有二小时左右，我从人潮里到了家。

母亲说了：现在的杭州走路原不容易，要留心汽车（汽车在杭州几乎成了×伪的专利品，民众是非有特殊势力不敢乘坐的）和醉兵，汽车横冲直撞死了人没有地方可鸣冤，谁叫你不早早"回避"？长官们经过时倒"净道"了，最怕×兵驾了军用车突如其来，常常躲避也来不及。醉兵碰到中国人便打，说他不好，还是怪你自己是个中国人的不好！

弟弟说：学校里的课本已是删改了，党义变了禁书，×文成了必修科；历史地理变了不像是中国的，总算还没有把地球说成"方"的，总算数学里的一加一还是二！×伪最关心小学教育，希望每个小学生将来都变成他们的附庸,给他们纯洁的头脑里深深地印上"中×共存共荣""王道乐土"，以及功德无量的友邦更要常常教化他们以为："王道主义，是我国固有文化的结晶，是救世慈航。"或者说："民族的协和才能使世界享受真正幸福，共产党和抗×分子是极危险的分子，为害之烈甚于洪水猛兽！"这些写在各种练习簿的封面和学校各处。常识教科书中专讲中国种种不良风俗习惯和嗜好，假使想举些例子，那么吃鸦片、长辫子、缠脚等都用图画表示了出来，旁边写上一行字："我国之不良习惯。"

父亲说：杭州人原是最喜学时髦的，现在×文最时髦，×文传习所生意全是兴隆的，分晨班日班夜班，尽方便之能事；又因为×语是漂亮，公共汽车的售票员故意喊着"冷速通，骨打一麻斯"（客气话"请"的意思），查票者也欢喜用×味的中国话向中国座客讲，听见了实在那个；连十多岁青年们喜欢因闲话中夹杂些夷语，以为漂亮，甚至与尊敬的师长道别，说句"再会"时，也换上了句"塞因那腊"！最怕的倒还不是×国人，无耻之尤的是那些穿×式西装留×式小胡子满口讲的×语，使我们一时难分辨出他是个中国人的。××人走狗，总是比××人来得凶，想尽压迫同胞的方法来骗钱！

爹娘弟弟的话是够伤心的，杭州，你真变了样子吗？

——虽然我又回到了上海了，但是，杭州呵，我的家呵，我只好遥祝你们无恙，有一天，你们还是要回到祖国的怀抱里的。

（《文艺通讯》，张叶舟编，国际出版社一九三九年七月初版，原题《"王道治下"的杭州》）

张叶舟：
杭州救亡文化正在积极地秘密开展

讲述人生平同前。

杭州是我的故乡，我有家族在杭州，我有亲戚朋友在杭州，在那儿曾留下我许多青春的怅惘，曾经有许多欢乐在那儿飞扬！杭州已是"王道治下"，但我是深信杭州迟早还是会回到祖国的怀抱里来的，所以我对于故乡杭州，没有灰心，带着希望，尤其时常关怀杭州的消息。

我曾经写过一篇《"王道治下"的杭州》发表在《译报·大家谈》，我最近又写了一篇《围城中的报贩》，已在《人道》旬刊刊出。前者是将侵略者在杭城的丑恶来个速写，后者是痛斥杭州各种傀儡报纸，所以报贩的忠义拒卖反衬；总括的话，这两篇东西都是暴露侵略者的黑暗面，但由另一方面的事实证明，杭州救亡文化正在积极地秘密开展，负起了伟大的任务，在与四周围的恶势力搏斗！

方景康是一个平凡的名字，论履历还不过是一个小学校长，然而，这平凡的人，却成了杭州救亡文化运动的发难者，当杭州沦陷的时候，方君是穷得没有逃难本钱的人，何况他的故乡嘉兴是先沦陷了，左右皆是侵略势力，索性留在杭城不走。大混乱时期过去了，准备死难的方君和他的同事们，都没有死，他们为了不愿辜负这虎口余生之年，决意重整救亡运动的旗帜。（按，杭城沦陷前救亡运动是有过相当成绩的。）最初，他们找到一个破庙的角落，几个人拖着没有腿的小板凳工作着，并没有一定的办事地点。以后，有避难重归的青年加入了他们的队伍，也有各地有志青年闻风前来参加，其中有的是作家和天才者。人数多了，组织自然扩大，并且与杭郊游击队中的政工队有了联络。方君是让贤了，现在的指导者是过去杭城文化界颇著声望的吴××，导领着三百多青年散播杭城每一个角落，进行他们伟大的秘密工作——工作是秘密的，成绩是显著的，请略言其端：

（一）西湖不再是名胜区域，变了侵略者的海陆空军司令部集汇处，严厉地告示，禁戒民众往游，西湖是封锁了！然而，据任职伪"市府"的小汉奸们跟随了大汉奸我××人迭次游西湖的对人夸扬中，无次不暴露救亡文化运动者的功迹，不是说昭庆寺岳坟有大幅的反×反傀儡标语及宣言，便是说连×军司令部距离不远常会发现×文的"告××士兵诸君……"等一类红绿传单，倒可以断定不是中国飞机从空中掷下来的，因为后面明明签署"抗战救亡文化运动同人谨告"呢！并且，有不少×军暗暗地看了，撕了，叹息着，大概不致无感于中吧！最近西湖及杭城常有×兵厌战自杀，这也可以归一点间接功劳于"救亡文化"同人的。从这事上证明这班青年多少冒险，竟敢入虎口发传单，贴文告，但未闻有一人被捕殉难，其勇固可嘉，其机警更令人可佩。

（二）杭城有四五种傀儡报，这在我《围城中的报贩》一文中已详言，因为爱国的民众不要看，稍知大义的报贩不肯卖，虽然曾一度挨户强迫送报，究竟也行不通，你送来人家不看可莫奈何，到月不付报钱也莫奈何，因此，傀儡报出版了没有去路，就在大街小巷的空白墙壁上随处张贴，可是，你每天贴上，尽你贴得多，贴得牢，每天有人替你撕毁，起初是民众的敌忾同仇心所致，到去年十二月中，×方老羞成怒，捕到一名撕报的民众处了极刑，从此无人敢撕，如是者三日！救亡文化运动同人不再坐视了，动员令下，不但吩咐全体队员有计划地出动，划分地区，见报即撕外，并且还要在原处贴上救亡的宣传品。

（三）他们为适应民众心理，办有五彩救亡图画，及通俗救亡报纸，他们印刷精美，不像新四军中所办刊物的尽是简单的油印石印，但至今伪政府意图搜索侦察下，还没有发现他们秘密的印刷机关哩！他们经费的来源，据说是一部分有资产队员的自愿捐助，其他倒全仰给于杭城几个有声望现暂隐居的绅士们，和一部分明大义的商家们的乐捐；由于绅士们的愿意掏腰包捐助救亡团体，足见这次侵略者的刺戟已觉悟了绅士们的心，同时，据说三百多救亡队员有职业者居大半，有资产者也不少，是故无需供给生活费用，真正需要团体供给生活费用者，最多也不得超过十元一月，虽然比新四军的待遇高多了，但还是坚苦得很。不过加入这团体的皆是以身许国，并不计较钱财，所以非万不得已，连这一月"最高十元"还不愿意支取，因此，这团体的开支，无所谓薪金、办公费，倒是印刷宣传品是最大的支出。

（四）据我所知，他们的宣传品救亡刊物等，借游击队的带送，竟已深入到海宁崇德余杭德清桐乡海盐嘉兴诸县的民众手里，我曾见到过一本小册子，题为"我们需要一个抬榇决死战"，封面引用《三国演义》庞令明抬棺决死战的一张图画，画得很生色，旁边两行红字："不计成败，抗战到死！"亦悲亦壮，可惜带了失败主义的情绪。里面文字也写得不错，这证明了该团体内作家画家学者甚至精通英日各国文字者均有其人，但他们却并不自满，他们还在向民众要求："我们这团体果然需要知识的人参加，更要引起大众中的'无名氏'也要起来参加这运动！"他们现在的工作还偏于文化图画宣传，所以他们的口号是："不要让乡村每一堵墙、路旁每一片岩石，白白地空着！"但他们已感觉到口头宣传的重要，正在设法进行个别的谈话，或者利用弹唱《薛仁贵征东》等机会插入抗战意义启导民众。总之，他们另一口号是："不要让群众的空气呆板沉寂。"

（五）他们还敢在马路上见人分赠布道单张，这是团体中一班热忱基督徒的另一部分活动，这些单张上叙述犹太亡国的历史甚详，但最后指示犹太必将复国，然后影射到中国前途的光明。也有描述以色列人初期在埃及受苦历史，但以民的坚苦抗争，乃得进入迦南创主其业等等，诚所谓"宣教不忘抗战，抗战不忘宣教"了。

最后据该团体自己的报告，自方景康发难迄今，队员殉难者七人，积劳致死者一人，中途因事退出团体者三十三人，变节与伪方妥协者一人。但初创时仅四个人，现已增至三百多人，其成绩已可概见。假使说杭州一旦能收复回来，我们果然要归功于血战攻取的军队，但也不能忽视了他们——救亡文化运动者——的功迹！

让我们向杭州救亡文化运动同人致最敬礼！

（《文艺通讯》，张叶舟编，国际出版社一九三九年七月初版，原题《杭州救亡运动的秘密开展》）

萧　风：
西子湖底优美秀丽的风光，已不是轻妆淡抹了

讲述人著有《萧风杂文》等，具体事迹不详。

"新入境市民"！

　　黑夜里摸索前进到贴近杭州市区的×××似乎有一股特殊阴惨气象。火柴代替了电筒，才给我找到我们寄迹的房子。
　　重临旧地的感触，真是千头万绪！晦黄的灯光底下，我们忘形地把日间低唱《义勇军进行曲》走路……这类得意的故事，相互讲述起来。忽然一阵激烈的敲门声，进来是这座房子的邻居——一个十足"顺民型"的老枪，环境教我非和他攀谈不可，但讲的总是雨伞生意不好转做香烟贩子的生意经；间或插入一点抗战前途乐观的故事，他所答覆的："日佬儿这里总是糊糟糟一盘账！"顺手接二连三地送他吸美丽牌香烟，这可慢慢地使谈话由远而近。提到进市区去的手续，他满口答应"我有办法"！

第二天朝晨，难得他老早跑伪警署去拿来几张"申请书"，把姓名、性别……这一套全填上，职业栏写"商"不够，再添上"雨伞"两个字。经过他和另一个人盖上保证人的图章，托人送伪警署盖戳证明，又到××桥伪区公所掉得一张黄纸条儿，注明持条到指定地点去拍照相，再往伪市府以三毛钱买"杭州市民身份证明书"。照片未洗好前，黄纸条儿给我们进市区去做了"护身符"，却也给了我们"新入境市民"这个莫大的侮辱！

三官弄到新市场的公共汽车一踏上，坐在司机座位贴背的，两个挂着"宪兵"臂章的鬼子；它们狠恶的怒目里特意对我射出生疏和猜疑的眼光，向我喝着"狼门炮"！我意会到"良民票"，同车之中有人也提示我："先生问你'良民票'有没有？""有，有！"随手挖出那张黄纸条儿给它看，"唔唔！"它指使我坐，座位已是最后的一排。

汽车飞驶着，武林门是个相当讨厌的"难关"。鬼子指挥停车受检查，从头额到衣衫的角缝，总之我似乎成了鬼子发狠搜检唯一的目标，但从容终于战胜了惶惧。车子继续开行，保俶塔傲然矗立的尖顶，犹如巨轮的烟囱驶过地平线，它很快地高耸，但又很快地越过身后退去。

说不尽的惆怅哪！渴念已久的西子湖山，终于和我再见了。采芝斋（延龄路原址）糖果店门口下车之后，我凝神注视每一座建筑物和每一个行人，绝少数人像是面熟，但年余未见的脸庞上，显然都已刻划着饱经风霜的皱纹；建筑物则已换上倭文的招牌，且已挂遍了膏药旗！马路上三三两两往来着鬼子兵，但没见得一个固定的岗哨。偶向较高的洋楼翘望，竟然，鬼子哨却在西华大楼屋顶，拿了短枪垂瞒在路面；一直注意过去，中央银行、建业银行、大喜公司……总之每逢高楼屋顶，都有鬼子或立或坐在瞭望俯瞰。意识警觉到需要检束自己的行动。几个伪组织盘踞底所在，自然特别逗引我们的注视。眼见杭州市许多新式的建筑，给敌寇抢占着倾销仇货，如西华大楼（庄岛洋行）、大喜公司（峰绢洋行）、民生药厂（大东药房）……都在被占之列，心里不禁起了一阵辛酸！特别难受的，要算国货陈列馆已变成仇货大本营。日本强盗拆毁了我们原有的名字，给换上"实业百品商店"在那门前，简直像是当年上海虹口所见的风光，木屐声错杂着抨击地面凌乱作响，鬼婆，着了真是鬼才穿的那些充满倭国气味彩色的和衣，骄傲但又愚蠢地在踯躅。这因为公路管理局这所屋子，被占做倭寇的家眷宿舍了。

樱花栽遍圣湖滨

　　久别重逢的山河，虽然我记忆强，每个地方都有过什么痕迹似的，但这熟悉之中不免又有些陌生的观感；西子湖底优美秀丽的风光，已不是轻妆淡抹了，她蒙羞着，也宛如满身缟素的少女！

　　住杭州这五天短暂的时间里，每天规律地从早晨八时至下午五时，总必搭了公共汽车来回着，搜索我这第三故乡在魔影铁蹄下所未曾见闻的一切，访遍圣湖之滨底左右四周，并没比从前缺少一点自然的景物。沿公园和湖滨路一带，每棵栽在人行道旁的树木，只多了四根约莫三尺高的杉木梢头用铅丝扎成方形的"护树架"。湖滨公园每块草坪间和万松岭、孤山这些地方一样添栽了樱花。平素见闻岛国这些迷人的花葩，多少要把"淫花"和"淫国"联想在一起而已觉得憎恶，如今她们竟成群而来了，是污辱！日佬儿污辱我们圣洁的国土！忆起满觉陇探桂和灵峰或孤山访梅的种切，相信到过杭州的人，谁也要激起愤怒之火呵。

真只有以樱花标榜一个"淫化"国家的倭寇才能做得出来，粉饰升平麻醉民心的一贯政策，点下了无数的污迹在我们祖国的河山；单在新市场一带，就已够称是娼妓的世界，以前报纸上曾载过大陆旅馆等处公开卖淫等等消息，那些是已经伏诛的余逆祥桢等的"摇钱树"而已；今天敌伪对这笔好生意的"统制经营"，规模和设施都已臻扩大并且周密得多，每个"慰安所""娱乐所"……门里有一只或多至十数只的大镜框，那都黏贴着编过号码的妓女"倩影"，迎引狎客买"对号券"。据说有一个妓女一晚被"挂号"过十八次之多。魔鬼世界的鬼事，真是骇人听闻！

从龙翔路和性存路交界，即是高等法院原址，这一堵贴批示的墙壁起，一直到延龄路和新民街的十字路口即英华照相馆为止，十分之八的"娼妓店"，布满了这样一条迢长的马路及市廛；靠着门面"大日本军指定□□"（□□代表食堂、娱乐所、料理店……）等等"灵符"，使人间所有的罪恶全都搬演上场，无法无天地在消蚀人类底智慧和灵魂！

督销鸦片白面，最初由汉奸基层组织所谓"大民会"的"支部"

285

受"命"主持（关于"大民会"详情，容下篇报告），在杭州是桩顶热闹的"特务"。除了设有伪"浙江禁烟督办公署"（名称原文恐有记错）综掌浙西我游击区的毒化阴谋之外，杭州市及湖嘉旧府属分设伪"××市（县）禁烟局"，每县市各伪"区公所"均附设伪"□□县□□区禁烟办事处"。这次大小喽啰全由敌寇"特务机关"率领作恶，汉奸报纸助纣为虐，以所谓"禁政成绩优良"，公开作督销鸦片、白面……各种各样毒品的广告。听说当初时大土只卖得四块钱一两，等"瘾君子"一大批训练成熟之后，价格既涨，销路也跟着它们异想天开的办法大量增加。记者到达杭州第二天，亲见鸦片等毒品二十多箱（据说有一万余两）由鬼子宪兵护送，从城站下车运往浙江典业银行原址所谓"货物统济处"进去。箱口贴有好多条纵横错杂的封皮。其中一箱比较清晰地可以看出 H.NO.357390 这教我们永远不会忘记的墨印。如果 H 是指运到杭州的记号，那可知杭州敌寇毒化阴谋的罪恶是已造成了多高的纪录！

使人痛心疾首的更有是赌窟的林立，规模最大的要算是余逆祥桢在生前和敌寇荻原特务机关长合力经营的"大红运公司"！（地址是游动性的，三桥址某巨屋及孝女路等处大洋房中都开过）每天赌博的"头钱"，平均在四五百元左右，倭寇的诡计和汉奸良心麻×的打算或许以为发横财是败坏我风尚的锦囊妙计，事实依然是敌伪流氓角逐的所在。为了分赃不匀、争风吃醋等等纠葛，往往演出敌伪局部内讧的悲剧，前任伪"余杭县知事"陈逆惠民之流就都亲尝过个中况味。

大　仇

　　除了兽窟,杭州已没有一所完整的屋宇了。
　　没有灵魂的躯壳,满目是的,失去了主人爱护的危楼断壁,到处似乎还隐约可闻令人心悸的呻吟。太阳旗贴在它们体肤上面,不,是膏药,烂脚疮上的膏药似的,终于掩蔽不尽铁蹄蹂躏下的疮痕!
　　武林门口,我们的同胞在忍受敌人敲打侮辱,卖鱼桥上,站着双手高擎着一条木板的人,板上积叠的是粗大的石块。你想象吧:这样地站立半天,以至一天,是多凄惨的刑罚!谁能支撑住这笨重的石块,高高地擎举着一直不觉手酸?"皇军"想得好,手酸的一屈臂,便要付予撞破自己头颅的代价。在旁狞笑的是鬼子,血,鲜红的血却流注在我们沦区同胞的脸上。
　　"毛大娘是一个穷苦的妇人。"
　　"那一日,在拱宸桥畔拾木屑。这木屑是兽军拆毁我们民房的遗物。被它们发现了捉去,推倒地上,一条厚厚的毛松板压上胸膛,六个鬼子兵使劲地踏在板上跳跃。"
　　"这样的三十分钟之后,毛大娘才给摔出兽窟的门外。如今,两个多月了,还是一个神智昏迷的,奄奄一息地病着。"——这是一位亲眼见她受罪的老百姓跟我说的故事,血写的故事。
　　这天夜晚,似乎分外的冷,寒风把一颗煤油灯火震颤得摇摇不定。我们正在嫌睡觉太早。突然"劈啪劈啪"来了一阵断续的朝天枪声。

"土匪，又是日佬儿抢店铺！"附近传来不绝的惊扰声，夹杂着夜犬的狂吠。屋主的话我们渐觉相信。第二天"臭报"上登载了一大篇新闻，语语"土匪"，其实是"日本强盗"的化名而已。"臭报"不仅指土匪抢劫，报头旁还大唱防止匪患的高调。

杭州的中国旅行社，湖滨路上那所有着大玻璃橱窗的店屋，敌寇占据了，正在从事髹漆。橱窗的一边，已摊铺了几十种花样不同的书或刊物。我明知这些全是毒剂，但好奇心驱使我闯进去看看。不料店主人却狠命瞪了瞪眼，打量了一下我的全身，说："滚出去，不卖给你！"

耀辉，与我并不相识的一个商人，如今，他遍体鳞伤，并且溃烂了，蜷伏在床上。他简直已没有一块好的肌肉，每一处都淌着浅黄色的脓汁。

"三个月了！"他痛苦地伸出三个手指，告诉在访慰他的人们。这表示带来了多难言的辛酸！

他是一家煤行的老板，因为收买私人出售的两吨煤，被日佬儿认作收买贼赃，吊了去打，绑在树上露宿，三昼夜地毒打，又是一个月的监禁……

目击着他，我禁不住簌簌地流下了泪。

"新识的朋友！——水深火热中的沦陷区同胞呵！这痛楚何殊于我自己身受！前线几十万将士的挥戈洒血，正为着拯救我们，使我们得到永久的安宁呵！"我对耀，对着来看病的人，说出这些：

"固然，我们不幸沦入虎穴，备尝无量数的艰苦，这艰苦的程度，不仅以前五千年历史上所没有，看外国战争中也是少有的事，但有些国家却因经不起艰难，忍不住困苦，终于亡国了，甚至灭种了，留下给子孙的是无穷的祸患！朋友！我们都是中国人，谁说中国会被征服的呢？我们咬紧了牙根在忍受一切苦难，在和我们民族的仇敌拼命！"

耀辉蜷伏着的体躯在蠕动。他们点点头。

然而短促的时间，险恶的环境。我不能再留在龙潭虎穴了，只得离开这些受难的人。

"再见吧，新识的朋友！"

凭吊留下古荡

没有亲历过敌区的，对于这样熟稔而又美丽的河山被占在铁蹄魔手里，自然会有许多或吉或凶的揣测，未到杭州去前，曾经听说杭敌把这里那里的建筑物毁坏得如何模样，由于爱江山景物，私心里是谁也不愿那些消息准确的。但踏进留下古荡的去路，焦土和荒芜本已足够消灭了我无论哪一些希望侥幸求全的梦想；道傍草丛之间的白骨遍地，终于使我从不悲苦的铁石心肠也被泪珠滴穿了！

得着杭州就地平民的向导，记者跟从拖着一辆放走一只车胎出气的黄包车踌躇地前进。记忆里闪过当年坐了汽车驶过松木场，老东岳、留下、古荡、荆山这些地方所见的风光，忆起是一个深秋的

289

假日，和朋友去过松木场骑射会打过靶、摄过影。抗战开始后，和一队热血的青年去留下宣传过，顺便参观过荆山省立民教实校与实验民教馆。更去古荡访问过蚕丝职校。那里是座新建并且设备相当新颖的洋房，有精致小巧的蚕室，有危耸云霄的烟囱。此外，古荡更有八十八师抗战阵亡将士和构筑堂皇的泉唐第一公墓……然而今天，这种种全是荡为废墟了！要没有留下汽车站原址附近新造的茅棚，这一带几乎全没有人烟！

荒凉凄惨的景色，记者不能不为伤心怵目而辛酸得连空车子也难能拉动。过去底事全如在眼前，但眼前又明显地是一堆瓦砾和残骸！还有些半边乌焦的木头，瞧它弥留着的一点红得褪色的纸角，想象这且是当年公墓殡室里的灵柩，敌寇竟连灵柩尸体也不肯放松，它要刀砍，它要火烧。谁家的祖先呵？我为谁家底儿女哭！

从这杭州就地黄包车夫底口里，记者得悉这堆惨景暴露至今已快两周年——是中华民国二十六年十二月二十四、二十五、二十六、二十七这四个令人深镂心版的日子；敌寇从余杭、富阳以及沪杭路到我们西子湖滨的几天，开始向留下古荡，灵隐净慈和良渚以及清泰门候潮门分路搜索。当时许多人从市区退避到留下古荡附近的乡僻。因为敌寇沿途以机关枪和小钢炮扫射，多少人自然因惊惶而失措了，纷纷躲避到公墓殡室的棺材底下去睡觉，另一部是裹身在朔风凛冽中的柴窠草堆里，孩子们惊慌悲啼以及夜犬不宁地狂吠，巧使敌寇找得了线索！一蓬火，另一处又是一蓬火，千百条野火底舌焰从二十四日晚间直至二十七日这三天中，它毒辣地舐遍了整个留下和古荡，趁着野火之光的照耀，敌寇进行的"搜索"是抢劫、奸淫、残杀！不仅如枪刺穿过活鸡活鸭的肚子，或是步枪抬着猪仔而走，算是表演"皇军"特有的抢劫作风，就是奸淫和残杀，据一位身犹负伤（据说他因当时遭刀刺晕绝，敌以其已死故得免大难）的目睹者所见种种，纵使"大和文明史"上记载起来，也该够得上是许多奇迹。

"感谢皇军！"记者于愤怒之极难以压抑的情绪下，切齿说出这一句；也算代替了我对许多侠骨忠魂的吊荐。

在归途，我又特意用敌人滥发的"军用手票"十钱（即一角）向留下一个茅棚里买六分钱一包的金鼠香烟，小贩子婉转地向我要求兑换一毛钱法币；意识又促我轻声问他理由，他可老实地说："这是啥东西？比锡箔纸也没用。锡箔煨做灰还可到阴世当钱用。朋友，原谅罢，我们都是中国人，中国人用中国法币就连煨灰还是有用！难道拿了这比毛纸不如的手票，等死了做鬼到日本去兑现吗？日佬儿底一切，全比鬼不如！……"

感谢"皇军"！奸劫烧杀教育了我们苦难中的同胞！

城隍山上瞭望

机会往往是偶然被刹那间的灵感所抓住。能登杭州敌军警戒区域的城隍山上瞭望，我非常感谢螺丝岭脚一位专卖金鼠香烟和花生米的小贩子，他允我帮忙替扛一大蒲包落花生。

首先引起我注视的是山腰里一座尼姑墓模样的坟冢，围圆并不大，草丛中竖有一块相当精致的石碑，碑上凿雕的字用黑墨填着："亲华出征阵亡官兵之冢。"

　　碑文涵义已经矛盾得可怜，小贩子并告诉我这里面葬有七个鬼子兵，所谓"阵亡"，便是在西湖艺专那里因厌战而自杀的"代用词"。不辞艰危走上吴山，竟要我对这座"冤鬼"的荒冢先致凭吊。说懊丧呢？说值得呢？

　　以前警察派出所原址以及附近，杂乱挂着"大日本军村田部队"这类小木牌。贴近一座石牛的茅棚里穿出一根高射机关枪的口管子瞄向着遥远的天穹。鬼子们三三两两在周遭闲步，另一堆围坐起来的正好拦挡了所谓"部队"的门口，他们忘形地在打扑克；"这多好的皇军风纪！"愤慨唆使我投给一股冷笑嘲讽的颜色。

　　到了山顶，极目那滚滚激流中的钱江怒潮，东去，东去，隔江便是我家啊！思乡的心绪骤然从脑海深处钩起，恨不得重新捡拾起卧泊在沙滩上面几多块远望极小的跳板，铺成一条线索也好，让我得以省视两年不见的爷娘小弟以及家园被炸的景况，然而不能！眼前在钱江中蜗牛样蠕动的是敌寇的汽艇而不是义渡，仅有一次落成观光印象的钱江大桥，明显地，它截断了，失望与怅惘从心底蓦然充塞起胸膛，使我又落到西子远眺的谛视里；湖面是弥漫着紫霭的愁雾。

　　渐渐西坠的夕阳，觉醒了我又该快到搭坐公共汽车出城的时间。下山仍走大井巷，张小泉剪刀店已变成摊子，浙江地方银行附近几家银行的房子被占做什么"大民会杭州支部"等等汉奸窠。

"大民会"是个被强奸的所谓"民意机关"。"杭州支部"的主持"人"许逆超，从前是个流氓。内部组织分组织、宣传、总务等科。据今（二十八年）七月十五日"大民会"公开的宣传纲要是："①提倡东洋文化；②振兴东洋道德；③反共亲日救国排除三民主义；④救济难民改进生活"等。请看它们荒谬的设施吧：只要识过几个字或肯担任情报密探的谁也可以加入，经过"会员"与"人"介绍之后，每月就得领取干薪十五元（伪职员另有薪给）；天下是否真有这样轻易的进益呢？事实终究把握着铁准一样的定律。"大民会"明明规定："凡属会员，均应深明亲善提携之至意，绝对遵守命令，完成建设东亚联邦国之使命。"这条文算得大模大样的"冠冕堂皇"配合这"使命"的要求之下，十五元钱一月的除了留驻湖墅盐桥等处各派五十六名"密探"之外，多少放毒药，指示空袭目标，偷探我方军情……这些"小汉奸"喽啰群，就是"大民会会员"，经过"训练"的一批猪狗不如的东西！

　　从今年七月十五日起，杭州跟着江南其他敌区一样把五色旗撕碎了汪逆精卫这个百死不足蔽辜的奸贼偷僭党名，杭州民权路浙江省党部原址也被挂出伪省党部的招牌，同时伪市区等一律盗用伪青天白日旗之后，"大民会"当然同流合污，不久也并进了这藏垢纳污的所在。敌寇既在"大民会"宣传要"排除三民主义"；一面又想盗用三民主义，叫汪逆精卫挂伪党部的招牌企图欺骗民心。这种内在的矛盾，无论怎样也掩饰不了鬼子心里是何等动摇不安！

　　这些背天行道的荒谬的阴谋设施，在杭州如同伪省市府等等一样由倭寇魔掌摆布着。这是所谓"政治攻击战"！

革命草

　　革命草这名字跟我很生疏，这次在杭州才听到，并且也看到。
　　似菱蓬，圆形微卷的叶子，叶茎间突出一颗瘤似的，也像未红的大蒜，它们密集地生长在杭州附近的每条河面上。船夫皱了眉埋怨它们阻塞船只的进行，心里却暗自喜欢，认为这是中国军队要归来的□兆。为了行船的通畅，每天，他们轮流着打捞，但奇怪的是：□□起多少，明天，不，只要半天可则几小时以后，那草依然铺满了整条河面。船夫们惊叹着："这是天数！天道不容日佬儿抢去我们的国土！"
　　我不能解释那些草为什么繁殖得这般快。并且，自民国十五六年，国民革命军北伐完成之后，沦陷区中许多老百姓还有一种见解，就是他们特别注意革命草的根；是的，捞起那草蓬的根，确像一把浸透了水的头发，他们说："这是死难同胞的骷颅，这是抗战阵亡将士底英灵！"
　　我默认了沦陷区同胞引为慰藉的关于这奇怪的草的解释，并且窃听他们在街头巷尾对革命草的议论。
　　多热烈盼望国军去救他们的沦陷区的民心呵；固然他们是带了一些迷信的观念，可是，未尝亲历沦陷区的人，谁愿说句是非的话呢？在沦陷区，真如在牢笼，不，简直是地狱！敌寇种种狠毒的麻醉手段，加之，"臭报"（杭州人对汉奸报的称呼）颠倒黑白的宣传，老百姓虽然明知，又怎能不如堕五里雾中？

这样，革命草为他们象征着未来的光明了。自己是战后没有较长时期逗留后方的机会，偶尔也从报角里发现一些后方的真相。如果那些丑恶的真相现在都已成过去，侥幸生存在"安全地带"的，我们真该各尽最大的力量，报答沦陷区火热的民心。

在杭州，每条街巷的墙上，很难找得敌人所贴荒谬标语的纸角。因为糨糊未干，早被撕去，甚至伪警在贴时，背后可以听到"不必牢贴"的警告。这工作大多出自并不吃粮的民众。

相信这不仅是杭州如此，其他各地的沦陷区大约也如此。"皇军"能烧毁我们的房产，惨杀我们的同胞，然而千方万计却怎样也毁灭不了钢铁一样的中国民心！

（《萧风杂文》，福建南平大行杂志社一九四三年二月增订再版，原题《重临杭州》）

断桥残雪　摄于1920年代

坏之处。当游艇穿过跨虹桥,望见岳湖北岸巍巍屹立着"碧血丹心"石牌坊,谁都肃然起敬。岳庙之庄严宏丽,为湖上一切庙宇之冠。向来游湖人士当到了岳坟,往往由欣赏湖山心思,转为敬仰忠烈热情。记者此次再度进岳坟时,适见盟友多人,由导游者讲述故事,均肃然致敬。尽忠报国,感人之深,可见一斑。记者出坟后,即乘车至仙姑山,游览万字草堂,樱桃花灿烂,甚可观!入清涟寺,玉泉无色大鱼仍甚多,皱月廊可品茗观赏。寺前本有一池,抗战前已由市府辟为游泳池,现再修葺中。

九里松现已无松;"双峰插云"仍存碑亭,在此瞻仰双峰,适有白云层层,启人遐思。合澜亭、龙泓洞、飞来峰、冷泉亭等处,均无何变动。云林寺大殿仍如前时一般,惟梵香阁、伽蓝殿及寺屋数十间均遭敌军焚毁,成为一片瓦砾场。

韬光夹径竹林及繁茂树林,均遭敌军砍伐殆尽,现时路径两旁虽新栽松苗,已无前时幽邃景致。北高峰灵顺庙虽存在,惟较荒凉,三竺中,以下天竺寺庙尚较完整,中天竺次之,上天竺破坏过半,路又坎坷不平,游人甚少,香客仍络绎不绝。

烟霞阒寂——九溪流水淙潺

记者曾于本年一月底由江干区转入南山区,此次又由南山区转入江干区,足足各花一整天工夫,重要胜迹大部分都游览过了。钱王祠现仍驻军队,游人未能自由游览,柳浪闻莺,仅存一石碑,残随至万松岭转凤凰山，凭吊五代故宫，亦无特异可述之处。

劫后湖山——旅游注意之点

记者本年来杭两次，并计九日，大部分重要胜迹，可说游过。惟觉今日之情形与战前不同之处至多。兹将旅游应注意之点概述如下：

（一）游览时间

欲遍览整个湖山，当然需要十日八日；但以复员不久之现在，若干过于僻远地方，仍不免荒废。梅花时节已过，西溪可以不必去；九溪十八涧在路桥未修理以前，亦可以不去，以省跋涉。现时以湖中、孤山、北山等区最适游览。如泛舟游览湖上及沿湖滨诸胜，尽一日时间已足；如雇人力或三轮车游北山区玉泉、灵隐、天竺、韬光，尽一日亦可；若分两日则绰绰有余，可游宝石、栖霞、紫云等处。至南山区连江干区如时间支配得宜，可尽一日时间游六和塔、虎跑、龙井、石屋、烟霞，以至净慈诸胜。若延展为二日，尤见从容。

（二）食宿方面

现时杭州旅馆时告客满，欲找一间房间实至困难；在未来杭之前，须先托定房间，以免临时无容身之地。至食饭方面，随时有菜馆酒楼，本无问题；但现时物价波动过剧，在点菜时应先问明价格。如喜杯中物者，杭州有一种酒店，以卖酒为主，并售下酒小菜，较物美而价廉，于时间尤经济。

（三）行的方面

小汽车不但价昂，且不易租到；人力车三轮车价亦至昂。现时有市区公共汽车往来拱宸桥三郎庙，永华公司公共汽车往来迎紫路灵隐寺间，不妨采用，以节省时间及财力。若干山径地方，以安步较有意趣，此须视游客之体力如何而决定。

最后附带声明：本社杭州分社为服务游客起见，可以代雇汽车、游艇及三轮车；并代售杭州有名特产。给予游客以种种便利。

（《旅行杂志》一九四六年第二十卷第四号，原题《杭州探春记》）